CITRON

De la même auteure
• *Pomme*, Modus Vivendi, 2012
• *Les gourmandises d'Isa*, Modus Vivendi, 2011

© Isabelle Lambert et Les Publications Modus Vivendi inc, 2013

LES PUBLICATIONS MODUS VIVENDI INC.
55, rue Jean-Talon Ouest, 2ᵉ étage
Montréal (Québec) H2R 2W8
CANADA

www.groupemodus.com

Éditeur : Marc Alain
Éditrice déléguée : Isabelle Jodoin
Adjointe à l'édition et révision : Nolwenn Gouezel
Correctrice : Catherine LeBlanc-Fredette
Graphiste : Marianne Lapointe
Styliste culinaire : Gabrielle Dalessandro

Photographies : André Noël
à l'exception de : couverture et page 3 | Dreamstime.com; page 8 | Stock.XCHNG; page 6 © Dbannie
| Dreamstime.com; page 12 © Denira777 | Dreamstime.com; page 14 | Stock.XCHNG; page 15 ©
Ckeyes888 | Dreamstime.com; page 18 © Chaishenpoh | Dreamstime.com; page 21 © Brookebecker
| Dreamstime.com; page 22 | istockphoto.com; page 24 © Eyewave | Dreamstime.com; page 82
et 116 © Robynmac | Dreamstime.com; page 132 © Dinoforlena | Dreamstime.com; page 144 ©
Evthomas | Dreamstime.com; page 168 © Alphababy | Dreamstime.com; page 208 © Pokrov07
| Dreamstime.com; page 220 © Dionisvera | Dreamstime.com

Dépôt légal – Bibliothèque et Archives nationales du Québec, 2013
Dépôt légal – Bibliothèque et Archives Canada, 2013

ISBN 978-2-89523-775-4

Nous reconnaissons l'aide financière du gouvernement du Canada par l'entremise du Fonds du livre
du Canada pour nos activités d'édition.

Gouvernement du Québec – Programme de crédit d'impôt pour l'édition de livres – Gestion SODEC

Imprimé en Chine

CITRON

100 recettes et beaucoup plus

Isabelle Lambert

MODUS VIVENDI

Je dédie ce livre à Valérie, Carmen, Céline, Élaine, Agnès, Martine et Esthère,
ainsi qu'à toutes mes amies réelles et virtuelles, amoureuses, tout comme moi, du citron.

Un zeste de citron

Choisir un citron à l'épicerie, c'est encore aujourd'hui un grand luxe venu d'ailleurs... de quelque fragrant jardin des mille et une nuits, gorgé d'éclatantes saveurs, à la fois délicates et enivrantes. Tous ces parfums, vous les retrouverez dans ce petit bijou, au travers des recettes de *Citron*.

Isabelle, reine du citron...

Parce qu'elle l'adore, le dévore, le rêve, le jute, l'envie en chair et en zeste, ne soyez pas surpris de savoir qu'elle lui parle même, le bichonne, le façonne, le réinvente et le fait renaître sans cesse. Isabelle connaît « son » citron sur le bout des doigts, et l'utilise avec audace et polyvalence, de long en large, du nord au sud, façons québécoise, française, grecque ou maghrébine, sans retenue, aucune.

Mais Isabelle, c'est aussi une force intérieure intense comme celle du citron, qui, même s'il sert à tout et pour tout, ne nécessite parfois qu'un fin zeste pour faire vibrer tout l'unisson.

Doucement, amèrement ou très finement, n'ayez crainte, Isabelle saura vous y faire voir *Citron*.

Mme Carrée

lacasserolecarree.blogspot.ca
www.canalvie.com/blogue-d-inspiration/mme-carree/1653142/

Table des matières

Mot de l'auteure

Après *Les gourmandises d'Isa*, publié en 2011, et *Pomme*, publié en 2012, je vous présente mon nouveau bébé : *Citron*.

Un livre de plus de 100 recettes, parfois sucrées, bien entendu, mais aussi salées, et surtout citronnées — ma réputation de gourmande assumée me poursuivrait-elle ? Même s'il est vrai que je fonds devant une tarte au citron, que je craque sur des madeleines au citron et que je suis accro au lemon curd, je trouve qu'il n'y a rien de mieux que le citron pour relever un plat de pâtes, que cet agrume est indispensable avec le poisson et qu'il parfume en finesse les volailles... et je ne suis pas la seule, à en croire mon entourage, car toutes les recettes de cet ouvrage ont été testées, ajustées, révisées et approuvées.

Comme à mon habitude, je vous propose des recettes simples et riches en saveurs. J'essaie toujours de me mettre à la place de quelqu'un qui débute en cuisine. Je sais combien il est décourageant de se lancer dans une recette et de ne pas la réussir, de la trouver trop compliquée ou même de ne pas trouver certains ingrédients parce qu'ils sont rares. Rassurez-vous, il n'y a rien de tout cela dans ce livre 100 % citronné... pour 100 % de plaisir culinaire et gustatif, sans pépins !

Maintenant, préparez-vous à un tour du monde de la cuisine au citron.

À vos zesteurs et presse-agrumes ! Bonne lecture et bonne cuisine... citronnée !

Isabelle Lambert

lesgourmandisesdisa.blogspot.com

Tout savoir sur le citron

Histoire

Le citron serait né d'un croisement entre le pamplemousse, le cédrat et la lime. Les premières traces de ce fruit remontent à près de 3 000 ans en Inde. Le citron gagna alors la Chine et le Moyen-Orient. Dans l'Antiquité, les Hébreux et les Grecs utilisaient le citron à l'occasion de certaines cérémonies et festivités. Dès le 5e siècle, les Arabes ont commencé à cultiver le citron essentiellement pour ses vertus médicinales. C'est notamment grâce à eux qu'au cours des siècles suivants, le citron a conquis tout le bassin méditerranéen, et notamment l'Espagne, où il fut dès lors cultivé à grande échelle.

Grâce à sa richesse en vitamine C, le citron était un remède efficace contre le scorbut lors des expéditions de Christophe Colomb vers l'Amérique. C'est ainsi qu'à la fin du 15e siècle, Espagnols et Portugais implantèrent le citronnier sur le continent américain, notamment en Floride, où il prospère encore aujourd'hui ! À cette époque, les médecins conseillaient également la consommation de citron en cas de grippe, de morsure de serpent et de prévention d'épidémies.

Variétés

Les différentes variétés de citrons se distinguent par leur forme, l'épaisseur de leur peau, le nombre de pépins, leur couleur, leur arôme et leur acidité plus ou moins prononcée. Le citron est le fruit du citronnier (*Citrus limon*), un arbuste de 5 à 10 m de haut, appartenant à la grande famille des agrumes, dont certains sont proches du citron.

Quelques variétés d'agrumes populaires

LIME

La lime (citron vert), originaire d'Asie, ressemble à un petit citron, mais c'est en réalité le fruit du limettier. Sa peau est lisse, très mince, parfois coriace et adhérente, d'un beau vert brillant à maturité. Sa pulpe tendre est très juteuse, acide, de couleur jaune verdâtre, et elle possède un arôme caractéristique.

COMBAVA

Le combava, proche du citron et de la lime, est également originaire d'Asie. Plus acide et plus petit que le citron jaune, le combava a la forme d'une petite « pomme » de 3 à 4 cm de diamètre, fripée comme une petite cervelle. Sa peau dégage une odeur proche de la citronnelle.

CITRON MEYER

Le citron Meyer (*Citrus meyeri*) est le résultat d'un hybride naturel entre un oranger et un citronnier. Il est légèrement orangé, et sa feuille est délicatement parfumée à la bergamote.

CITRON ROUGE

Le citron rouge (*Citrus volcameriana*) est une variété sauvage. Son écorce et sa pulpe sont d'un bel orangé, et il dégage un parfum de bergamote. Sa légère amertume est intéressante pour relever certains plats.

Petits agrumes asiatiques

YUZU JAPONAIS

Le yuzu japonais est un gros fruit jaune et rond. Il ressemble à un petit pamplemousse à la surface irrégulière. Il est surtout cultivé pour son zeste, frais ou séché, au parfum délicat et pénétrant de mandarine et de pamplemousse acide.

MAIN DE BOUDDHA

La main de Bouddha est une variété de cédrats. C'est une variété non seulement très spectaculaire, de par sa forme, mais aussi très aromatique. La main de Bouddha est d'ailleurs utilisée en décoration, tout comme en offrande aux ancêtres et aux divinités.

KALAMANSI

Le kalamansi est un petit citron vert très aigre et qui ne mesure pas plus de 2 à 3 cm de diamètre. Ce cousin du citron goûte les fruits exotiques. On trouve principalement cette variété dans les magasins asiatiques.

Autres petits agrumes à découvrir

BERGAMOTE

La bergamote est un petit agrume rond qui ressemble à une petite orange à la chair verdâtre. Elle est issue d'un croisement entre la lime (citron vert) et le bigaradier (orange amère).

CÉDRAT

Le cédrat est le plus ancien agrume connu en Europe. Son fruit ressemble à un citron, mais il peut atteindre près de 2 kg. L'odeur du zeste évoque celle du cèdre (d'où son nom). Sa pulpe, verte ou jaune, est peu juteuse et amère.

LIMEQUAT

Le limequat est issu d'un croisement entre la lime et le kumquat. Il se mange cru ou confit à la façon des kumquats. Sa peau est légèrement sucrée alors que sa pulpe est acide et juteuse.

PONDEROSA

Le citron ponderosa est issu d'un croisement entre le citron jaune et le cédrat.

CITREMON

Le citremon est issu d'un croisement entre le citron jaune et le *Poncirus trifoliata*, cousin des *Citrus*, qui ressemble à une petite orange.

Le saviez-vous ?
Les citrons sont cueillis verts, puis mûris artificiellement, car s'ils sont cueillis à maturité, ils deviennent trop sucrés et perdent leur propriété acidulée.

Bien choisir ses citrons

Achetez de préférence des agrumes bio, car les citrons sont souvent traités au diphényle afin d'éviter les moisissures. Si vous ne trouvez pas de citrons bio, brossez vos agrumes soigneusement sous l'eau chaude avant d'en utiliser le zeste.

Choisissez vos citrons fermes et lourds. L'écorce doit être d'un beau jaune, à grains serrés, et légèrement lustrée. Des teintes de vert indiquent un degré d'acidité plus élevé tandis qu'un fruit à la surface assez rugueuse aura une peau probablement très épaisse, et peu de chair. Et qui dit moins de chair, dit moins de jus.

Évitez les citrons plissés qui ont des sections durcies et ramollies, ou dont la couleur est terne ou d'un jaune trop foncé, car cela indique qu'ils sont trop vieux.

Propriétés

Grâce à son acidité et sa légèreté (29 kcal/100 g), le jus de citron est une boisson particulièrement rafraîchissante.

Antiseptique, astringent, régulateur gastro-hépatique, réducteur de graisse, reminéralisant, le citron est également riche en vitamines A et C (52 mg/100 g) — le jus d'un seul fruit permet de couvrir un tiers de nos besoins quotidiens. Additionné d'un peu de sucre, c'est d'ailleurs un reconstituant d'énergie apprécié par les sportifs.

Le citron est également riche en minéraux et oligo-éléments indispensables à l'organisme, dont le potassium, qui lui confère un effet légèrement diurétique, le calcium pour les os et le fer pour lutter efficacement contre la fatigue.

Sachez enfin que le citron accroît les défenses de l'organisme, protège votre système vasculaire grâce aux flavonoïdes contenus dans son écorce, et que c'est un antiseptique naturel des plus efficaces.

Conservation

Les citrons peuvent être conservés à température ambiante pendant environ une semaine. Pour une conservation à plus long terme, enveloppez les citrons dans un papier de type « essuie-tout » et déposez-les dans un sac en plastique. Ils peuvent ainsi être conservés, à l'abri de la lumière dans le bac à légumes du réfrigérateur, pendant trois mois. N'oubliez pas de les sortir quelque temps avant de les consommer pour qu'ils soient plus savoureux.

Coupé, le citron doit être utilisé rapidement, car la vitamine C s'évapore au contact de l'air.

Même vidé de son jus, le citron peut encore servir ! En effet, il est possible de congeler le citron pour conserver l'écorce. Ainsi, si vous ne devez utiliser que le jus du citron dans votre recette, ne jetez pas la peau, mais coupez-la en petits morceaux et conservez-la au congélateur. Lorsque vous aurez besoin d'un zeste de citron, vous n'aurez plus qu'à vous servir !

Utilisations

S'il est un domaine où le citron est roi, c'est bel et bien celui de la cuisine. Disponible tout au long de l'année, le citron peut figurer dans tous les menus, qu'il « vitaminise » de façon aussi naturelle que savoureuse, et sans calories superflues. Grâce à son parfum et son acidité, le citron relève et aromatise tous les plats, de l'entrée au dessert.

Entier, puis vidé de sa chair, il peut être farci pour ravir vos yeux et vos papilles.

Fraîchement tranché ou confit au sel, le citron rehausse subtilement les poissons mijotés et les plats de viande, comme les ragoûts et les tajines. On dit qu'il a le pouvoir de « réveiller » le parfum et la saveur des aliments. Dans la cuisine tahitienne, le jus de citron sert à mariner les poissons — versé sur de fines tranches, il produit le même effet que la cuisson. Il sert également, grâce à son acidité, à attendrir certaines viandes.

Quant aux zestes, râpés en filaments ou blanchis (pour perdre un peu de leur amertume), ils aromatisent les plats sucrés et salés. Confits dans un sirop de sucre, ils se transforment en friandises.

Qui n'a jamais entendu parler du pouvoir antioxydant du citron ? Non seulement le citron redonne de la vitalité, mais il empêche également certains fruits et légumes de noircir au contact de l'air. C'est le cas pour la pomme, la poire, la banane, l'artichaut, le céleri, l'avocat et bien d'autres encore.

Le citron peut aussi remplacer le vinaigre, dans la vinaigrette par exemple. Cette substitution permet d'augmenter la valeur nutritive des aliments puisque le citron est plus riche en éléments nutritifs que le vinaigre. Il est également plus léger, plus rafraîchissant, et plus nourrissant.

Du côté des boissons, le jus de citron peut tout aussi bien être consommé en limonade ou entrer dans la composition de cocktails — en Italie, on en tire d'ailleurs une excellente liqueur, le limoncello.

En pâtisserie, le jus de citron est l'ingrédient principal du lemon curd, la pâte à tartiner britannique par excellence. On utilise notamment cette crème pour préparer la fameuse tarte au citron meringuée.

L'ajout de quelques gouttes de citron ou de vinaigre rend également la pâte brisée plus tendre et moins élastique, car l'acide désagrège le gluten contenu dans la farine.

Enfin, vous pouvez vous frotter les mains avec du jus de citron pour éliminer les odeurs tenaces de cuisine (de poisson, d'ail ou d'oignon par exemple). C'est instantané !

Recettes et astuces de grands-mères

Le citron peut servir d'encre invisible; il vous suffit de faire chauffer la feuille au-dessus d'une bougie (mais pas trop près pour éviter tout risque d'incendie) pour voir apparaître les écritures. Mais ce n'est pas tout. Voici d'autres utilisations qui pourraient bien vous être utiles.

CONTRE LA TOUX ET LES MAUX DE GORGE

Riche en acide citrique et en vitamine C, le citron possède des propriétés anti-inflammatoires et anti-infectieuses.

Pressez le jus de 1 citron, et versez-le dans de l'eau chaude avec du miel. Ainsi consommé, le jus de citron est particulièrement efficace contre les mucosités. Attention : la toux peut être un symptôme de nombreuses maladies, comme la laryngite, le rhume, l'asthme ou la bronchite. Si vos maux de gorge persistent, consultez un médecin.

POUR FACILITER LE TRANSIT INTESTINAL

Le citron stimule la digestion et l'élimination, et favorise le transit. C'est à la fois un coup de pouce minceur et un bon remède qui vous permettra de vous sentir bien, de retrouver la pêche et d'avoir un teint lumineux.

Buvez tous les matins, à jeun, un jus de citron pressé dans un verre d'eau tiède.

POUR AVOIR UNE BELLE PEAU

- Grâce à son puissant pouvoir antioxydant, le citron s'avère être un produit antirides efficace et pas cher. Pressez un citron sur un coton, ajoutez quelques gouttes d'huile d'olive et appliquez le tout sur votre visage.

- Le citron permet aussi d'adoucir votre peau, en particulier au niveau des zones rugueuses. Frottez directement un citron coupé en deux sur vos coudes, genoux et talons.

- Si votre peau est sujette aux imperfections, sachez que le citron a un fort pouvoir astringent et antibactérien. Il permet non seulement d'éliminer les comédons et autres points noirs, mais aussi de resserrer les pores et enfin de désinfecter, de sécher et de faire disparaître petit à petit vos boutons disgracieux. Attention, ça pique un peu ! Appliquez du jus de citron avec un coton sur les zones grasses, le soir avant de vous coucher. Ne rincez pas, et gardez le coton toute la nuit.

- Si vous fabriquez vos savons, ajoutez une dizaine de gouttes d'huile essentielle de citron à votre préparation. Attention : les huiles essentielles sont très riches en principes actifs; elles sont donc déconseillées aux femmes enceintes ou qui allaitent, aux bébés et aux personnes à risque ou en convalescence, ainsi qu'à toute personne prenant des médicaments sous ordonnance. Consultez impérativement votre médecin avant d'utiliser des huiles essentielles.

- Le citron est aussi efficace pour venir à bout des eczémas. Mélangez du jus de citron avec de l'huile d'amande douce, et appliquez cette préparation sur votre peau.

- Le citron agit également rapidement sur les piqûres d'insectes. Appliquez quelques gouttes sur vos piqûres et très rapidement vous ne sentirez plus rien, ni douleur ni démangeaison, car le citron a des vertus cicatrisantes et antiseptiques.

DE BEAUX CHEVEUX

- Le jus de citron est un astringent. Il peut amener les cellules du cuir chevelu à se rétrécir et ainsi diminuer considérablement les pellicules. Une fois par semaine, utilisez le jus de 1 citron pressé. Laissez poser 5 minutes sur les cheveux, puis faites votre shampoing.

- Pour les blondes, appliquez du jus de citron sur votre chevelure avant une exposition au soleil, cela vous permettra d'éclaircir vos cheveux et d'obtenir un beau blond naturel.

DE BEAUX ONGLES

Pour avoir des ongles bien blancs et durs, pendant votre manucure, coupez 1 citron en deux et trempez-y directement vos doigts pendant une dizaine de minutes.

Côté entretien ménager, le citron détartre, décape, mais aussi désinfecte efficacement, grâce à sa forte concentration en acide citrique. Les utilisations du citron sont multiples et conviennent parfaitement à l'entretien de nombreuses pièces de la maison. Pur ou accompagné d'un autre additif naturel, comme le vinaigre, il fait des merveilles.

NETTOYER LES OBJETS EN ARGENT, EN ACIER INOXYDABLE OU EN CUIVRE

Le citron entre d'ailleurs dans la composition de certains produits d'entretien pour les ustensiles en cuivre.

ENLEVER LES TRACES DE CALCAIRE SUR LA VAISSELLE

Quand vous sortez vos ustensiles du lave-vaisselle, il reste bien souvent des traces d'eau ou de calcaire. Quelques gouttes de citron sur un torchon suffiront à faire briller votre vaisselle. N'hésitez pas non plus à placer un demi-citron dans le lave-vaisselle; en plus de désodoriser votre lave-vaisselle, le citron fera briller votre vaisselle sans laisser de traces !

ENLEVER DES TACHES RÉCALCITRANTES SUR LES PLAQUES VITROCÉRAMIQUES

Frottez la surface avec un demi-citron et rincez avec une éponge imprégnée d'eau savonneuse vinaigrée. Essuyez délicatement avec un papier absorbant.

DÉCRASSER LES APPAREILS MÉNAGERS

Pour nettoyer le four à micro-ondes, il suffit de mettre quelques gouttes de jus de citron dans de l'eau, et de faire bouillir le tout à puissance maximale. Ensuite, avec un chiffon humide et propre, essuyez les parois du four. Les saletés ainsi que les odeurs de cuisson disparaîtront. De petits morceaux de citron seront aussi efficaces pour retirer les éclaboussures de graisse dans votre four traditionnel.

ÉLIMINER LES TRACES DE ROUILLE SUR LA CÉRAMIQUE OU SUR LE LINGE

Recouvrez la tache de sel fin et de jus de citron. Laissez agir 1 heure, puis frottez et rincez.

BLANCHIR LE LINGE

Dans une bassine d'eau bouillante, ajoutez le jus de 2 citrons et laissez tremper le tout. Vous pouvez aussi l'utiliser directement en machine; coupez quelques rondelles de citron et mettez-les dans le tambour.

Précautions

- Il s'agit d'un produit naturel, par conséquent les précautions d'usage sont peu nombreuses. Mais sachez que le citron est photosensibilisant. Par précaution, si pendant son utilisation vous en avez sur les mains, pensez à les nettoyer avant de vous exposer au soleil. Il n'est pas rare que cela déclenche l'apparition de taches, d'allergies, voire de brûlures sur la peau.

- Faites aussi attention si vous avez certaines plaies ouvertes sur les mains. À cause de l'acidité, cela risque de picoter.

- Le citron peut aussi causer des brûlures aux muqueuses (de l'œsophage ou de l'estomac, par exemple) si son jus ou son huile essentielle sont absorbés en trop grandes quantités.

- Consommé régulièrement, le jus de citron peut déminéraliser l'émail des dents.

Petits mots citronnés

ÊTRE JAUNE COMME UN CITRON

Avoir le teint ou la peau très jaune, soit naturellement, soit par maladie.

EN AVOIR DANS LE CITRON

Être savant, être intelligent.

NE RIEN AVOIR DANS LE CITRON

Être irréfléchi.

SE PRESSER LE CITRON

Se torturer l'esprit, réfléchir longuement.

PRESSER QUELQU'UN COMME UN CITRON

Exploiter une personne au maximum.

COURIR SUR LE CITRON

Importuner quelqu'un.

Pour un Québécois, un citron est une voiture en très mauvais état.

Recevoir un Prix citron n'est pas un compliment pour votre caractère, votre talent ou encore votre compagnie. Comparativement, ce serait comme recevoir l'inverse d'un Gémeaux ou d'un Oscar.

Et comme dirait Pierre Dac : « Plus un citron est pressé, plus il se dépêche. »

Brunches et entrées

Tapenade de portobellos aux olives et au citron

Cette tartinade salée s'améliore avec le temps; elle peut être cuisinée à l'avance et transportée facilement pour une sortie de fin de semaine ou pour un apéro entre amis. Achetez de préférence les olives vertes dans une épicerie fine, car elles ont meilleur goût que les olives en conserve (ou en bocal) qui ont tendance à être fades.

Pour environ 310 ml (1 ¼ tasse) de tapenade

Ingrédients
30 ml (2 c. à soupe) d'huile d'olive
500 g (1 lb) de chapeaux de champignons portobellos, hachés
2 gousses d'ail, hachées
1 pincée de graines de fenouil
140 g (1 tasse) d'olives vertes dénoyautées et égouttées
Le zeste de 1 citron, râpé
15 ml (1 c. à soupe) de jus de citron
2 ml (½ c. à thé) de feuilles de thym frais
Poivre noir du moulin
Tranches de baguette ou de pain ciabatta grillées, ou des craquelins

Chauffer l'huile dans une grande poêle sur feu mi-vif. Faire sauter les champignons, l'ail et les graines de fenouil environ 10 minutes ou jusqu'à ce que les champignons rendent leur jus et commencent à brunir. Laisser tiédir.

Mélanger dans un robot culinaire le mélange de champignons, les olives, le zeste de citron, le jus de citron et le thym, et réduire en purée lisse. Poivrer le tout.

Transférer dans un bol, couvrir et réfrigérer au moins 8 heures et jusqu'à 3 jours. Ramener à température ambiante avant de servir.

Servir avec des tranches de pain grillé ou des craquelins et un petit couteau à tartiner.

Tartinade au fromage féta, au citron et à l'aneth

Vous en avez assez de la sempiternelle tartinade au fromage à la crème ? Essayez celle-ci. Elle est composée de fines herbes et d'ingrédients que tout le monde a sous la main. Vous pourrez servir cette tartinade sur des craquelins ou des tranches de pain grillées, dans des sandwiches, des roulés ou des hamburgers, ou encore en farcir de grosses tomates cerises ou des tronçons de concombre évidés.

Pour environ 375 ml (1 ½ tasse) de tartinade

Ingrédients

250 g (1 ⅔ tasse) de fromage féta, émietté
45 ml (3 c. à soupe) d'huile d'olive
2 gousses d'ail, hachées finement
Le zeste de 1 citron, râpé finement
15 ml (1 c. à soupe) de jus de citron
Poivre du moulin
12 g (3 c. à soupe) d'aneth frais haché
10 g (2 c. à soupe) de ciboulette coupée aux ciseaux

Mettre le fromage féta, l'huile, l'ail, le zeste et le jus de citron, et le poivre noir dans un robot culinaire.

Actionner jusqu'à l'obtention d'une préparation dont la consistance est encore grumeleuse. Incorporer l'aneth et la ciboulette, et actionner encore pour mélanger.

Tartinade aux deux saumons et au citron

C'est une tartinade avec de la texture, un léger petit goût anisé, très léger et frais. Quand vous mettrez le pot sur la table avec des petits croûtons grillés, tout le monde piochera dedans, sans laisser sa part. Cette tartinade peut être cuisinée à l'avance et servie à l'apéritif ou en hors-d'œuvre.

Pour environ 375 ml (1 ½ tasse) de tartinade

Ingrédients
250 g (9 oz) de filet de saumon, sans peau, ni arêtes
250 g (9 oz) de saumon fumé, coupé en dés
60 g (¼ tasse) de beurre non salé, ramolli
30 g (2 c. à soupe) de mayonnaise
22 ml (1 ½ c. à soupe) de jus de citron
Le zeste de 1 citron
5 g (1 c. à soupe) d'aneth haché
5 g (1 c. à soupe) de ciboulette hachée

Court-bouillon
500 ml (2 tasses) d'eau
45 ml (3 c. à soupe) de pastis ou autre apéritif anisé
1 échalote grise, épluchée et tranchée
1 feuille de laurier
Sel et poivre

Dans une petite casserole, mettre tous les ingrédients du court-bouillon et porter à ébullition, puis baisser le feu et laisser mijoter 10 minutes à couvert.

Éteindre le feu et y ajouter le filet de saumon. Couvrir et laisser reposer 5 minutes. Retourner le filet et laisser reposer 5 minutes encore. Sortir le saumon de la casserole et le laisser refroidir.

Dans le robot culinaire, mettre la moitié du saumon fumé en dés, le beurre, la mayonnaise, le jus et le zeste de citron, l'aneth et la ciboulette. Pulser jusqu'à l'obtention d'une texture homogène.

Transférer la préparation dans un grand bol, puis y ajouter le reste de saumon fumé en dés, et le saumon poché, émietté à la fourchette. Mélanger délicatement de manière à bien mélanger tous les ingrédients, tout en gardant le saumon en morceaux. Tasser la préparation dans des petits pots. Réfrigérer jusqu'à ce que la tartinade soit ferme.

Si on compte conserver la tartinade plus de 3 jours, il vaut mieux sceller la surface avec du beurre clarifié, fondu et refroidi. Une fois la surface scellée, elle se conservera au moins une semaine au réfrigérateur.

Trempette provençale aux haricots blancs, au citron et à la menthe

J'ai ici adapté le populaire houmous, en utilisant des haricots blancs plutôt que des pois chiches. Cette trempette est accentuée des saveurs fraîches du midi de la France. Elle est facile à préparer et polyvalente. Elle est idéale avec du pain, des craquelins ou des crudités.

Pour 375 ml (1 ½ tasse) de trempette

Ingrédients
1 boîte de 540 ml (19 oz) de haricots blancs, rincés et égouttés
60 ml (¼ tasse) d'huile d'olive
1 gousse d'ail, hachée finement
Le zeste fin de 1 citron
30 ml (2 c. à soupe) de jus de citron fraîchement pressé
5 g (1 c. à soupe) de menthe fraîche hachée
2 ml (½ c. à thé) de romarin frais haché
1 ml (¼ c. à thé) de sel
1 ml (¼ c. à thé) de poivre frais moulu

Dans un robot culinaire, réduire en une purée lisse les haricots, l'huile, l'ail, le zeste et le jus de citron. Incorporer la menthe et le romarin, saler et poivrer.

Mettre dans un plat de service, couvrir de film alimentaire et réfrigérer au moins 1 journée pour laisser se développer les saveurs, et 2 jours tout au plus.

Ramener à température ambiante et vérifier l'assaisonnement avant de servir.

Citrons farcis aux sardines

C'est une entrée rapide à préparer, toute en fraîcheur pour un repas d'été. Vous n'aimez pas les sardines ? C'est dommage pour vous, car c'est très santé, mais vous pouvez les remplacer par du thon à l'huile.

Pour 8 personnes

Ingrédients
4 citrons de taille moyenne, bio de préférence
2 boîtes de 106 g (3 ¾ oz) de sardines à l'huile d'olive
60 g (¼ tasse) de beurre à température ambiante
15 ml (1 c. à soupe) de moutarde de Meaux ou à l'ancienne
Tabasco
Poivre
5 g (1 c. à soupe) de ciboulette émincée finement

Laver et brosser les citrons. Couper les extrémités des citrons afin de leur donner une base stable, puis les couper en deux à l'horizontale.

À l'aide d'une cuillère parisienne, évider les citrons au-dessus d'un bol. Enlever les pépins ainsi que les membranes blanches. Gratter l'intérieur des citrons pour enlever le maximum de partie blanche.

Égoutter les sardines, puis les ouvrir en deux et enlever l'arête centrale. Dans le robot culinaire, mettre les sardines, le beurre, la pulpe des citrons, la moutarde, le Tabasco et le poivre. Actionner le robot par impulsions jusqu'à obtenir une purée homogène. Ajouter la ciboulette et mélanger à la spatule.

Répartir la préparation dans les demi-citrons et réserver au réfrigérateur 30 minutes avant de servir.

Servir les citrons farcis avec des tranches de baguette grillées.

Œufs à la crème de thon citronnée

Ce sont des œufs farcis, mais présentés dans les coquilles d'œufs pour un bel effet sur la table du brunch dominical. En gardant le même principe, vous pouvez farcir vos œufs avec d'autres produits, comme du saumon fumé, des sardines, des tomates séchées, etc.

Pour 6 personnes

Ingrédients
6 œufs
30 ml (2 c. à soupe) de jus de citron
Le zeste de ½ citron
1 boîte de 170 g (6 oz) de thon à l'huile
125 g (½ tasse) de fromage à la crème
10 g (1 c. à soupe) de câpres
2 brins d'aneth
Sel et poivre

Cuire les œufs 7 minutes à l'eau bouillante. Égoutter et couper un chapeau. À l'aide d'une petite cuillère, retirer le blanc et le jaune, les mettre dans un saladier et bien les écraser à la fourchette.

Ajouter le jus et le zeste de citron. Ajouter le thon égoutté et émietté, le fromage à la crème, les câpres et l'aneth ciselé. Bien mélanger et rectifier l'assaisonnement.

Remplir les coquilles de cette préparation. Poser les œufs dans des coquetiers. Décorer d'un peu de câpres et d'aneth. Servir frais.

Tarte aux poireaux, aux crevettes et au citron

Cette tarte salée est excellente servie au brunch, mais vous pouvez aussi la servir pour un souper plus léger. Quel que soit le repas où vous la servirez, accompagnez-la d'une salade de mesclun assaisonnée d'une vinaigrette au jus de citron et huile d'olive (voir la recette de vinaigrette page 42).

Pour 6 à 8 personnes

Ingrédients

1 pâte brisée (250 g [9 oz]) faite maison ou du commerce
3 poireaux de taille moyenne, lavés et émincés
30 g (2 c. à soupe) de beurre
Sel et poivre
4 œufs
250 ml (1 tasse) de crème 35 %
200 g (7 oz) de crevettes crues, décortiquées
1 citron, lavé et coupé en tranches fines

Préchauffer le four à 200 °C (400 °F). Beurrer un moule à tarte de 25 cm (10 po) de diamètre et le foncer de la pâte à tarte. Réserver au réfrigérateur le temps de préparer la garniture.

Faire fondre les poireaux émincés dans le beurre, pendant 10 minutes, en remuant de temps en temps. Saler et poivrer et laisser refroidir.

Dans un saladier, mélanger les œufs, la crème et les crevettes. Saler et poivrer. Ajouter à ce mélange les poireaux refroidis puis verser la préparation dans le moule à tarte.

Disposer les lamelles de citron sur le dessus de la préparation puis enfourner pour 25 à 30 minutes ou jusqu'à ce que la garniture soit prise et le dessus, doré.

Cake au citron et au saumon fumé

Ce cake salé se déguste chaud, tiède ou froid. Vous pourrez le servir en entrée, accompagné d'une salade verte ou d'une sauce tartare. Vous pouvez aussi le servir froid, coupé en cubes lors d'un apéritif dînatoire.

Pour 6 à 8 personnes

Ingrédients
1 citron bio
150 g (1 tasse) de farine
11 g (2 ¼ c. à thé) de levure chimique
3 œufs
100 ml (3 ½ oz liq.) d'huile d'olive
30 g (2 c. à soupe) de yogourt grec 10 %
100 g (1 tasse) de cheddar, râpé
6 tranches de saumon fumé, émincées
15 g (¼ tasse) de ciboulette ciselée
Sel et poivre

Préchauffer le four à 190 °C (375 °F). Beurrer généreusement un moule à pain de 11 x 21 cm (4 x 8 po). Réserver.

Zester le citron avec la râpe-zesteur (Microplane), puis récupérer le jus.

Dans le bol du batteur sur socle muni du fouet, mélanger la farine, la levure, les œufs, l'huile d'olive et le yogourt grec, jusqu'à ce que le mélange soit homogène.

Ajouter le jus de citron et son zeste, bien fouetter. Incorporer le fromage râpé, le saumon coupé en morceaux et la ciboulette ciselée. Saler (attention, le cheddar et le saumon fumé sont déjà salés) et poivrer.

Verser la pâte dans le moule préparé et enfourner pour 45 minutes ou jusqu'à ce que le cake soit doré et qu'un cure-dent inséré au centre en ressorte propre.

Champignons à la grecque

J'ai longtemps mangé les champignons à la grecque, en boîte, jusqu'à ce que je les fasse moi-même. J'ai découvert que non seulement c'est d'une simplicité enfantine à préparer, mais que c'est nettement meilleur.

Pour 4 personnes

Ingrédients
750 g (8 tasses) de petits champignons de Paris
200 ml (7 oz liq.) de vin blanc sec
80 ml (1/3 tasse) d'huile d'olive
5 g (1 c. à soupe) de graines de coriandre
Sel et poivre
10 g (2 c. à soupe) de coriandre ciselée
45 ml (3 c. à soupe) de jus de citron fraîchement pressé
Poivre de Cayenne

Couper le pied des champignons au ras du chapeau. Nettoyer les têtes de champignon avec de l'essuie-tout.

Dans une casserole, mettre les têtes de champignon, le vin blanc, l'huile d'olive, les graines de coriandre, du sel et du poivre. Porter à ébullition et laisser mijoter à feu doux 15 minutes.

Ajouter la coriandre ciselée, mélanger et retirer du feu. Poivrer de nouveau puis arroser de jus de citron et ajouter du poivre de Cayenne au goût.

Servir tiède ou à température ambiante.

Soupe de riz au citron à la grecque

Tout comme la soupe safranée aux légumes et au citron (voir page 46), cette soupe peut être faite pour un souper improvisé, surtout si vos invités-surprises adorent le citron. Elle se prépare rapidement et avec des produits que nous avons habituellement dans nos armoires.

Pour 6 personnes

Ingrédients
1,5 l (6 tasses) de bouillon de volaille maison ou du commerce
65 g (1/3 tasse) de riz cru
2 œufs
Le jus de 2 citrons bio
Sel et poivre

Porter à ébullition le bouillon de volaille. Ajouter le riz et laisser cuire jusqu'à ce qu'il soit tendre. (Le temps de cuisson est variable selon le type de riz utilisé.)

Dans un bol, battre les œufs et le jus de citron, puis incorporer doucement une louche de bouillon chaud en remuant constamment.

Réduire le feu au minimum sous la casserole de bouillon. Ajouter la préparation aux œufs et au citron dans la casserole en remuant constamment et sans laisser bouillir, jusqu'à ce que la préparation épaississe. Assaisonner et servir aussitôt.

Salade César au poulet grillé, croûtons à l'ail et citron

Beaucoup de personnes prétendent avoir inventé la salade César, mais il est incontestable qu'elle fut popularisée par un certain Caesar Cardini à son restaurant de Tijuana pendant les années 1920. Il la préparait avec panache aux tables de ses clients. Julia Child se souvient qu'il retournait la laitue romaine dans une sauce composée d'un jaune d'œuf presque cru, pour rendre la salade vraiment crémeuse. Ma sauce est faite avec du fromage cottage et de la mayonnaise, à la place des jaunes d'œufs et de l'huile. Il est surprenant de constater que le goût se rapproche beaucoup de la vraie sauce, avec seulement le quart des calories.

Pour 4 personnes

Ingrédients
2 laitues romaines, lavées et déchiquetées grossièrement
2 grosses poitrines de poulet grillées, sans la peau
   et émincées
6 tranches de bacon, grillées et émincées
Lamelles de parmesan

Croûtons
80 ml (1/3 tasse) d'huile d'olive
1 grosse gousse d'ail, hachée
5 ml (1 c. à thé) de zeste de citron très fin
½ baguette, coupée en tranches

Sauce César
60 g (¼ tasse) de fromage cottage
60 g (¼ tasse) de mayonnaise
5 ml (1 c. à thé) de pâte d'anchois
30 ml (2 c. à soupe) de jus de citron
2 ml (½ c. à thé) de sauce Worcestershire
5 ml (1 c. à thé) d'ail haché
15 ml (1 c. à soupe) d'huile d'olive
15 g (2 c. à soupe) de parmesan râpé
Poivre frais moulu

SAUCE CÉSAR : Mélanger le fromage cottage avec la mayonnaise, la pâte d'anchois, le jus de citron, la sauce Worcestershire, l'ail et l'huile d'olive au robot culinaire jusqu'à ce que le mélange soit lisse. Incorporer le parmesan et le poivre.

CROÛTONS : Mélanger l'huile d'olive, l'ail et le zeste de citron. Badigeonner du mélange les tranches de baguettes des deux côtés. Mettre les tranches de pain sur une plaque de cuisson et passer sous le gril jusqu'à la coloration désirée.

MONTAGE DE LA SALADE CÉSAR : Mélanger la laitue et la sauce César, et la déposer dans un grand plat. Répartir les poitrines de poulet émincées, le bacon, les croûtons et des lamelles de parmesan.

Salade d'asperges au parmesan, vinaigrette au citron

Les asperges sont synonymes de printemps. Il n'est pas nécessaire de peler les petites asperges, et elles cuisent très rapidement. Si les asperges sont plus grosses, il faut les peler et les cuire une minute de plus.

Pour 6 personnes

Ingrédients
1 kg (2 lb) de petites asperges vertes
50 g (½ tasse) de parmesan râpé

Vinaigrette au citron
30 ml (2 c. à soupe) de jus de citron
60 ml (¼ tasse) d'huile d'olive
Sel et poivre fraîchement moulu
15 g (¼ tasse) de ciboulette hachée

Casser la partie inférieure de la tige des asperges et la jeter.

Porter à ébullition une grande casserole d'eau salée. Y tremper les asperges et les cuire 1 minute. Égoutter immédiatement et rafraîchir sous le robinet d'eau froide jusqu'à ce qu'elles soient froides. Bien assécher.

Battre le jus de citron et l'huile ensemble, assaisonner de sel et de poivre.

Déposer la vinaigrette à la cuillère sur les asperges et parsemer de ciboulette. Saupoudrer de parmesan.

Salade de couscous et de porc grillé au citron et à l'origan

C'est une salade-repas estivale aux saveurs grecques. Le couscous est probablement la céréale la plus facile à préparer par temps chaud; il est prêt en 5 minutes. Servez le porc chaud sur la salade tiède ou faites-le griller la veille et réfrigérez-le pour le servir froid.

Pour 4 personnes

Marinade

500 g (1 lb) de filet de porc ou de côtelettes désossées

20 g (1 c. à soupe) d'origan frais haché

30 ml (2 c. à soupe) d'huile d'olive

2 ml (½ c. à thé) de zeste de citron râpé

15 ml (1 c. à soupe) de jus de citron

Sel et poivre frais moulu

Salade

310 ml (1 ¼ tasse) d'eau

200 g (1 tasse) de couscous moyen

¼ de concombre anglais

130 g (½ tasse) de yogourt nature

15 ml (1 c. à soupe) d'huile d'olive

2 ml (½ c. à thé) de zeste de citron râpé

15 ml (1 c. à soupe) de jus de citron

1 gousse d'ail, hachée finement

2 ml (½ c. à thé) de sel

1 ml (¼ c. à thé) de poivre frais moulu

2 tomates, épépinées et coupées en dés

2 oignons verts, tranchés

15 ml (1 c. à soupe) d'origan frais haché

Laitue Boston

MARINADE : Enlever l'excédent de gras du porc. Dans le cas d'un filet de porc, couper en deux dans le sens de la longueur et marteler légèrement pour obtenir une épaisseur uniforme. Mélanger l'origan, l'huile, le zeste et le jus de citron dans un plat peu profond, et y ajouter le porc en le retournant pour bien l'enduire. Saler et poivrer. Laisser mariner 20 minutes à température ambiante ou couvrir et réfrigérer jusqu'à 4 heures.

Entre-temps, porter l'eau à ébullition. La verser sur le couscous dans un bol résistant à la chaleur. Saler et poivrer. Couvrir et laisser reposer 5 minutes ou jusqu'à ce que l'eau soit absorbée. Aérer à la fourchette et laisser refroidir complètement.

VINAIGRETTE : Râper le concombre en utilisant une râpe à fromage du côté où les aspérités sont plus grosses. Incorporer au fouet le yogourt, l'huile, le zeste et le jus de citron, l'ail, le sel et le poivre. Réfrigérer jusqu'au moment de servir.

Chauffer le gril du barbecue à une température mi-élevée ou chauffer l'élément de grillage du four. Retirer le porc de la marinade et le faire griller au barbecue ou sous l'élément du four pendant 3 à 4 minutes de chaque côté, en le retournant une fois, ou jusqu'à ce que le porc soit à peine rosé au centre. Transférer sur une planche à découper et laisser reposer 5 minutes.

Aérer le couscous encore une fois en prenant soin de briser les grumeaux. Ajouter les tomates, les oignons verts et l'origan, ainsi que la vinaigrette, sauf 60 ml (¼ tasse), et remuer délicatement pour bien mélanger. Vérifier l'assaisonnement.

Disposer les feuilles de laitue sur quatre assiettes et étaler la salade de couscous dessus. Couper le porc en fines tranches et servir sur la salade. Arroser du reste de la vinaigrette.

Soupe safranée aux légumes et au citron

C'est une soupe d'inspiration grecque vraiment très simple à réaliser. Les produits utilisés sont très communs et peu chers. Cette soupe se sert tiède, mais elle est à son meilleur dégustée froide.

Pour 4 personnes

Ingrédients
1 l (4 tasses) de bouillon de volaille maison ou du commerce
2 ml (½ c. à thé) de safran
2 carottes, râpées grossièrement
2 courgettes, râpées grossièrement
2 jaunes d'œufs
1 citron bio
30 ml (2 c. à soupe) de crème fraîche épaisse

Porter à ébullition le bouillon de volaille avec le safran. Ajouter les carottes et laisser cuire 5 minutes à couvert. Ajouter les courgettes et cuire 3 minutes de plus.

Mélanger la soupe à l'aide du mélangeur à main et remettre sur le feu.

Dans un bol, mélanger les jaunes d'œufs, le jus et le zeste de citron et la crème.

Ajouter la préparation à la soupe, cuire 2 minutes sans jamais laisser bouillir.

Poissons et fruits de mer

Blanquette de sole au citron

Cette recette est non seulement très facile, mais aussi rapide à réaliser. La sauce est très onctueuse, et citronnée juste comme il faut, avec beaucoup de finesse.

Pour 4 à 6 personnes

Ingrédients

500 g (1 lb) de filets de sole
500 ml (2 tasses) de court-bouillon
250 g (½ lb) de crevettes cuites,
   congelées et décortiquées
60 g (¼ tasse) de beurre
1 échalote, émincée
2 branches de céleri, émincées
250 g (3 tasses) de champignons émincés

20 g (2 c. à soupe) de farine
Le zeste de 1 citron
Le jus de ½ citron
5 g (1 c. à soupe) de persil haché
Sel et poivre
2 jaunes d'œufs
100 ml (3 ½ oz liq.) de crème 35 %

Rouler les filets de sole, en commençant par la partie la plus large, et les maintenir roulés avec un cure-dent.

Porter à ébullition le court-bouillon et y plonger les filets de sole roulés et les crevettes. Cuire 10 minutes. Égoutter les filets de sole et les crevettes, et réserver 375 ml (1 ½ tasse) de court-bouillon.

Faire fondre le beurre dans une sauteuse. Y faire revenir l'échalote, le céleri et les champignons, jusqu'à ce qu'ils soient tendres. Saupoudrer de farine, remuer vivement avec une cuillère en bois pour faire un roux. Mouiller avec le court-bouillon. Mélanger jusqu'à ce que la préparation épaississe. Ajouter le zeste et le jus de citron, et le persil. Saler et poivrer au goût.

Dans un bol, battre à la fourchette les jaunes d'œufs avec la crème. Transvaser le mélange dans la casserole de sauce, fouetter pour lier, mais ne pas laisser bouillir. Ajouter les filets de sole et les crevettes dans la sauce afin de les réchauffer. Servir sans attendre avec un riz basmati et des épinards.

Saumon cuit lentement, sauce à la bière, au citron et à l'estragon

Cette méthode de cuisson lente donne un poisson moelleux à la cuisson très uniforme. La sauce riche relevée d'estragon, de citron et de bière ajoute de la saveur au poisson. Servez ce plat avec une purée de pommes de terre à l'ail et des haricots verts.

Pour 4 personnes

Ingrédients
4 filets de saumon de 175 g (6 oz)
Sel et poivre frais moulu

Sauce à la bière, au citron et à l'estragon
250 ml (1 tasse) de bière blonde
10 g (2 c. à soupe) d'estragon frais haché
45 ml (3 c. à soupe) de jus de citron
60 g (½ tasse) d'oignons tranchés
2 ml (½ c. à thé) de grains de poivre concassés
30 ml (2 c. à soupe) d'huile d'olive
125 ml (½ tasse) de crème 35 %

Garniture
10 g (2 c. à soupe) de persil haché finement

Chauffer le four à 100 °C (200 °F). Saler et poivrer le saumon et placer dans un plat allant au four.

SAUCE : Mélanger la bière, l'estragon, le jus de citron, les oignons, les grains de poivre et l'huile dans une casserole. Porter à ébullition et faire réduire de moitié. Verser sur le saumon.

Cuire au four pendant 20 minutes ou jusqu'à ce que le saumon soit encore rose au centre, en arrosant une fois au cours de la cuisson.

Placer le saumon sur une assiette de service. Verser le liquide de cuisson dans la casserole à feu vif. Laisser réduire jusqu'à ce qu'il reste à peu près 60 ml (¼ tasse) de sauce. Ajouter la crème, porter à ébullition et laisser bouillir jusqu'à épaississement, environ 2 minutes.

Napper le saumon de sauce au moment de servir. Garnir de persil.

Tartare de saumon au citron et aux fines herbes

C'est le plat que je fais régulièrement et que je sers en entrée dès que je prépare un repas plus élaboré. Une belle entrée d'été, toute en fraîcheur, à déguster autour d'un bon verre de vin blanc, sur le bord de la piscine.

Pour 4 à 6 personnes

Ingrédients

400 g (14 oz) de saumon très frais, sans la peau
1 échalote française
12 g (3 c. à soupe) de fines herbes ciselées (cerfeuil, ciboulette, basilic, coriandre)
45 ml (3 c. à soupe) de jus de citron
1 pincée de sel
1 pincée de poivre
1 tomate, épépinée et coupée en dés pour la finition
15 ml (1 c. à soupe) d'huile d'olive
Le zeste de 1 citron

Couper le saumon en petits dés, puis ciseler l'échalote.

Dans un saladier, mélanger le saumon, l'échalote ciselée, 30 ml (2 c. à soupe) d'herbes ciselées et 30 ml (2 c. à soupe) de jus de citron. Saler légèrement et poivrer. Réserver au réfrigérateur.

Dans un bol, mélanger les dés de tomate, 15 ml (1 c. à soupe) d'herbes, l'huile d'olive, le restant de jus de citron et le zeste de citron, saler et poivrer.

Dresser le tartare dans des assiettes à l'aide d'un cercle, puis garnir de dés de tomate aux herbes. Accompagner ce plat de tranches de pain grillé.

Saumon grillé en croûte de gremolata

La gremolata est une garniture italienne composée de zeste de citron, d'ail et de persil. Elle agrémente traditionnellement l'ossobuco (jarrets de veau braisés), mais elle est tout aussi délicieuse sur un poisson ou des légumes tels que des haricots verts ou des asperges.

Pour 4 personnes

Ingrédients

2 tranches de pain sandwich blanc (préférablement du pain de la veille)
15 ml (1 c. à soupe) d'huile d'olive
1 grosse gousse d'ail, hachée finement
Le zeste de 1 citron, râpé finement
10 g (2 c. à soupe) de persil haché finement
4 filets de saumon de 175 à 250 g (6 à 9 oz)
Sel et poivre
Quartiers de citron pour le service

Préchauffer le four à 230 °C (450 °F). Tapisser une plaque de cuisson d'un tapis de silicone ou de papier parchemin et le huiler légèrement.

Jeter les croûtes du pain et déchirer la mie en petits morceaux. La réduire en miettes grossières dans un robot culinaire en mode impulsion. S'assurer d'en avoir 180 ml (¾ tasse).

Transférer les miettes dans un bol et les mélanger avec l'huile, l'ail, le zeste de citron et le persil.

Placer les filets de saumon côté peau sur la plaque de cuisson. Saler et poivrer. Parsemer de panure et tapoter doucement. Faire rôtir les filets panés au milieu du four, 10 à 12 minutes, ou jusqu'à ce qu'un couteau inséré au centre en ressorte chaud. Servir avec des quartiers de citron.

Morue au citron et au cari

La première fois que j'ai réalisé cette recette, je devais avoir 14 ans. Depuis, je l'ai refaite une centaine de fois, tant c'est simple à préparer et que c'est tellement bon. La sauce au cari vient « puncher » la morue au goût si délicat. À défaut de morue, vous pouvez utiliser un autre poisson blanc à chair ferme.

Pour 2 à 3 personnes

Ingrédients

500 g (1 lb) de filets de morue
60 ml (¼ tasse) de jus de citron
30 g (2 c. à soupe) de beurre
1 pomme, parée et coupée en huit
2 petits oignons, émincés
250 ml (1 tasse) d'eau

1 gousse d'ail, écrasée
1 petite feuille de laurier
Sel et poivre
10 g (1 c. à soupe) de farine
10 g (1 c. à soupe) de cari en poudre
4 brins de coriandre fraîche

Couper les filets de morue en fines lamelles et les mettre dans un plat. Les arroser de jus de citron et laisser reposer pendant la préparation des autres ingrédients.

Faire fondre 15 g (1 c. à soupe) de beurre dans une poêle et y faire dorer les morceaux de pomme pendant 2 minutes de chaque côté. Les retirer et les garder au chaud. Toujours dans la même poêle, mettre les oignons et les faire revenir à feu doux pendant 5 minutes en remuant de temps en temps.

Faire bouillir l'eau, ajouter l'ail, le laurier et le sel. Y plonger le poisson et son jus de citron, et laisser frémir pendant 5 minutes.

Lorsque les oignons sont cuits, les garder au chaud avec les pommes. Lorsque le poisson est cuit, l'égoutter avec une écumoire, le garder au chaud et réserver le bouillon de cuisson. Filtrer le bouillon de cuisson et le faire réduire afin qu'il n'en reste que 300 ml (1 ¼ tasse).

Faire fondre le reste de beurre (15 g [1 c. à soupe]) dans une casserole, ajouter la farine et laisser cuire pendant 1 minute en remuant sans arrêt avec une spatule. Verser peu à peu le bouillon de cuisson et ajouter le cari. Mélanger et laisser cuire jusqu'à ce que la sauce épaississe et nappe la spatule. Saler et poivrer.

Ranger le poisson, les pommes et les oignons dans deux ou trois assiettes, et napper le tout de sauce au cari. Parsemer de coriandre ciselée et servir sans attendre.

Morue, sauce au beurre citronné et à l'estragon

La morue est de loin mon poisson préféré, je pourrais en manger trois fois par semaine, juste poêlée et arrosée de jus de citron, sans jamais m'en lasser. C'est un repas très rapide à préparer et, qui plus est, assez diététique.

Pour 4 personnes

Ingrédients
4 filets de morue de 175 g (6 oz)
Sel et poivre du moulin
5 ml (1 c. à thé) d'estragon frais haché

Sauce
40 g (¼ tasse) d'échalotes hachées
15 ml (1 c. à soupe) d'estragon frais haché
Le zeste de 1 citron râpé
375 ml (1 ½ tasse) de bouillon de poisson
15 ml (1 c. à soupe) de jus de citron
60 g (¼ tasse) de beurre non salé, en cubes

Préchauffer le four à 230 °C (450 °F). Assaisonner la morue de sel, de poivre et d'estragon. Mettre le poisson dans un plat et cuire au four 12 minutes ou jusqu'à ce que sa chair commence à se séparer sur le dessus.

Pendant que la morue cuit au four, mettre les échalotes, l'estragon, le zeste de citron et le bouillon dans une casserole, à feu vif, et porter à ébullition.

Réduire jusqu'à ce qu'il ne reste qu'environ 125 ml (½ tasse) de liquide (environ 5 minutes). Incorporer le jus de citron et le beurre, et faire mijoter. Saler et poivrer.

Déposer la morue sur quatre assiettes de service et la napper de sauce.

Morue en écailles de chorizo, écrasée de pommes de terre au citron

N'hésitez pas à servir cette recette à vos invités. Non seulement ils seront éblouis par le côté visuel de la présentation, mais ils seront impressionnés par les parfums et la délicatesse du poisson.

Pour 4 personnes

Écrasée de pommes de terre au citron
600 g (1,3 lb) de pommes de terre jaunes
  (type Yukon Gold)
60 ml (¼ tasse) d'huile d'olive
Le jus de 1 citron
5 ml (1 c. à thé) de fleur de sel

Morue en écailles de chorizo
1 citron, découpé en rondelles
3 branches de thym
45 ml (3 c. à soupe) d'huile d'olive
4 filets de morue de 175 g (6 oz)
24 tranches très fines de petit chorizo fort

Éplucher les pommes de terre. Les mettre dans une casserole d'eau froide salée et cuire environ 20 minutes ou jusqu'à ce qu'elles soient tendres.

Préchauffer le four à 180 °C (350 °F).

Dans le fond d'un plat allant au four, déposer les rondelles de citron, le thym et un filet d'huile d'olive. Mettre les filets de morue sur cette garniture. Couvrir les filets de morue de tranches de chorizo et enfourner dans le haut du four 12 à 15 minutes.

Dès que les pommes de terre sont cuites, les égoutter et les écraser à la fourchette en ajoutant l'huile d'olive, le jus de citron et 2 à 3 pincées de fleur de sel.

Servir les filets de morue accompagnés de l'écrasée de pommes de terre au citron.

Tilapia au citron et au persil

C'est une recette rapide et simple aux saveurs méditerranéennes. Choisissez des darnes ou des filets de poisson blanc à chair ferme qui absorberont idéalement les saveurs.

Pour 4 personnes

Ingrédients
2 oignons
1 gousse d'ail
30 ml (2 c. à soupe) d'huile d'olive
4 tomates, mondées et coupées en quartiers
90 ml (3 oz liq.) de vin blanc sec
Le zeste râpé et le jus de ½ citron
12 g (3 c. à soupe) de persil haché
2 ml (½ c. à thé) de thym séché
4 filets de tilapia (ou de merlan, flétan, morue ou aiglefin)
Sel et poivre

Hacher finement les oignons et l'ail.

Faire chauffer l'huile dans une grande poêle à fond épais, ajouter les oignons et cuire à feu doux pendant 5 minutes en remuant de temps en temps, jusqu'à ce qu'ils commencent à fondre.

Ajouter l'ail et les tomates. Faire cuire 3 à 4 minutes et mouiller avec le vin blanc. Ajouter le zeste râpé et le jus de citron, le persil haché, le thym séché et les filets de poisson. Assaisonner de sel et de poivre.

Couvrir et laisser mijoter 15 minutes à feu très doux, jusqu'à ce que le poisson soit cuit et s'émiette facilement sous la pointe du couteau. Servir immédiatement.

Huîtres, sauce au citron, à la ciboulette et aux échalotes

Aussi loin que je me souvienne, j'ai toujours adoré les huîtres et je suis capable d'en manger des quantités phénoménales. Vers l'âge de 10 ans, mon père m'a montré la technique pour les ouvrir; deux ans plus tard, l'élève dépassait le maître, et nous organisions des concours, tous les deux, pour déterminer qui en ouvrirait le plus. Oubliez tous les gadgets qu'on pourrait vous vanter pour faciliter leur ouverture; ça prend juste un bon couteau à lame épaisse et courte et un torchon plié (pour éviter de se blesser à la main qui tient l'huître).

Pour 2 personnes

Ingrédients
3 échalotes, hachées très finement
30 ml (2 c. à soupe) de jus de citron frais
15 ml (1 c. à soupe) d'eau
Le zeste de ½ citron, râpé très finement
2 pincées de sucre
5 ml (1 c. à thé) de ciboulette fraîche, hachée très finement
2 douzaines d'huîtres, nettoyées, ouvertes et servies dans leurs coquilles

Dans un petit bol, mélanger les échalotes, le jus de citron, l'eau, le zeste de citron et le sucre. Laisser reposer 40 minutes à température ambiante.

Incorporer la ciboulette juste avant de servir les huîtres.

Garnir chaque huître de 1 ml (¼ c. à thé) de sauce et servir sur un lit de gros sel (pour la stabilité des huîtres) dans un plat de service.

Sandwich au poisson, aïoli au citron

Le tilapia est un poisson au goût délicat et à la texture intéressante. Si vous utilisez du poisson surgelé, veillez à le dégeler et à bien l'éponger avec plusieurs feuilles d'essuie-tout avant de l'utiliser.

Pour 4 personnes

Aïoli

130 g (½ tasse) de mayonnaise à l'huile d'olive
1 à 2 grosses gousses d'ail, hachées finement
15 ml (1 c. à soupe) de jus de citron frais
2 ml (½ c. à thé) de zeste de citron finement râpé
2 ml (½ c. à thé) de moutarde de Dijon
1 ou 2 pincées de persil haché

Sandwiches

500 g (1 lb) de filets de tilapia, sans peau ni arêtes
1 ml (¼ c. à thé) de sel

1 pincée de poivre noir du moulin
1 œuf
1 oignon vert, émincé
90 g (1 ½ tasse) de chapelure fraîche de pain blanc
5 g (1 c. à soupe) de persil frais, haché finement
15 à 30 ml (1 à 2 c. à soupe) d'huile d'olive
15 à 30 g (1 à 2 c. à soupe) de beurre
4 tranches carrées de cheddar orange, moyen ou fort
4 petits pains italiens ou ciabatta
2 tomates moyennes, tranchées
4 tranches d'oignon doux comme le vidalia

AÏOLI : Fouetter la mayonnaise, l'ail, le jus et le zeste de citron, et la moutarde. Ajouter quelques pincées de persil haché. Couvrir et réfrigérer pendant maximum 1 journée.

SANDWICHES : Éponger le poisson avec de l'essuie-tout. Le découper en gros morceaux et le mettre dans un robot culinaire. Ajouter le sel et le poivre. Hacher le poisson pour qu'il ait la consistance de la viande hachée. Transférer dans un bol à mélanger et incorporer l'œuf, l'oignon vert et 60 g (1 tasse) de chapelure. Former 4 galettes d'environ 2 cm (¾ po) d'épaisseur.

Mélanger le reste de chapelure (30 g [½ tasse]) avec le persil, et étaler ce mélange sur une assiette. Enduire les deux faces des galettes de ce mélange. (Les galettes peuvent être couvertes et réfrigérées pendant ½ journée.)

Juste avant de servir, chauffer l'huile d'olive et le beurre dans une grande poêle sur feu moyen. Cuire les galettes de 8 à 10 minutes sur chaque face ou jusqu'à ce qu'elles soient bien dorées. Rajouter de l'huile et du beurre au besoin. Quand les galettes ont été retournées, les garnir de fromage.

Entre-temps, chauffer ou griller les petits pains. Poser les galettes sur la moitié inférieure du petit pain. Napper les galettes d'une bonne cuillerée d'aïoli, garnir ensuite de tranches de tomates et d'oignon, et chapeauter de l'autre moitié du petit pain.

Croquettes de thon au pesto crémeux citronné

C'est le genre de petit souper comme j'aime : avec des ingrédients simples et pas chers, rapide et facile à réaliser en plus d'être hyper savoureux ! Ces croquettes pourraient être déclinées avec un reste de jambon ou de poulet.

Pour 4 personnes

Ingrédients

300 g (10 ½ oz) de pommes de terre,
  pelées et coupées en cubes
2 boîtes de 170 g (6 oz) de thon dans l'eau,
  bien égoutté
6 oignons verts, tranchés finement
4 filets d'anchois dans l'huile, hachés finement
60 ml (¼ tasse) de persil frais ciselé
Le jus de ½ citron
Poudres d'ail et d'oignon, au goût
Sel de céleri et poivre noir, au goût
Farine

2 gros œufs, battus
Chapelure
Huile de pépins de raisin
4 pains hamburger
Salade de chou
Tranches de tomates

Pesto crémeux citronné

125 ml (½ tasse) de pesto de basilic
130 g (½ tasse) de crème sure (ou de yogourt nature)
Environ 15 ml (1 c. à soupe) de jus de citron
Le zeste râpé finement de ½ citron

Dans une casserole moyenne, faire bouillir les cubes de pommes de terre jusqu'à ce qu'ils soient tendres. Les égoutter, puis les réduire en une purée lisse. Transférer la purée dans un bol moyen, puis ajouter la chair de thon, les oignons verts, les filets d'anchois, le persil et le jus de citron. Assaisonner généreusement des poudres d'ail et d'oignon, de sel et de poivre. Bien mélanger avec une fourchette, puis façonner le mélange en 8 croquettes. Les réserver, bien couvertes, au réfrigérateur entre 1 heure (minimum) et 48 heures (maximum).

Retirer les croquettes du réfrigérateur 30 minutes avant de les servir, puis les enfariner avant de les passer dans les œufs battus, puis dans la chapelure. Les réserver dans une grande assiette.

Dans une grande poêle, chauffer un généreux fond d'huile à feu moyen-élevé. Quand l'huile est bien chaude, baisser le feu à moyen, puis ajouter les croquettes. Griller les croquettes quelques minutes de chaque côté ou jusqu'à ce qu'elles soient dorées. Les retirer de la poêle, puis les réserver sur un essuie-tout.

Ouvrir les pains hamburger, puis sur chaque moitié, garnir de salade de chou, d'une croquette de thon, d'une tranche de tomate et de pesto.

PESTO CRÉMEUX CITRONNÉ : Dans un bol, bien mélanger tous les ingrédients. Utiliser immédiatement ou réserver bien couvert au réfrigérateur. Ce pesto est excellent pour garnir les pâtes, le poisson, le porc et les sandwiches.

Filets de maquereau au citron et aux câpres sur gratin de pommes de terre

Ce plat est très parfumé, en plus d'être très convivial. Le maquereau est un poisson qui n'est pas très cher et qui s'apprête de mille et une façons. Sa chair grasse s'accommode très bien avec le citron.

Pour 6 personnes

Ingrédients

1 kg (2 lb) de pommes de terre à chair ferme
310 ml (1 ¼ tasse) de vin blanc
15 g (¼ tasse) d'estragon frais
30 g (½ tasse) de persil italien frais
4 échalotes françaises
6 tranches de pain rassis
310 ml (1 ¼ tasse) de lait

3 feuilles de laurier
1 brin de romarin
Sel et poivre du moulin
2 citrons
6 maquereaux
50 g (⅓ tasse) de câpres

Préchauffer le four à 180 °C (350 °F). Éplucher les pommes de terre, les laver puis les couper en fines rondelles. Les déposer dans un saladier, puis verser le vin blanc dessus. Réserver.

Effeuiller l'estragon et le persil. Peler les échalotes et mélanger le tout dans un mélangeur avec le pain tranché. Ajouter le lait.

Transférer les deux tiers de cette préparation dans le saladier avec les pommes de terre, puis ajouter le laurier et le romarin. Saler, poivrer. Mélanger le tout, puis disposer le mélange dans un plat à gratin. Le couvrir d'une feuille d'aluminium. Enfourner le plat et cuire 40 minutes.

Rincer les citrons. Prélever les zestes. Peler les citrons à vif et prélever les suprêmes au couteau. Réserver.

Lever les filets de maquereau (ou demander au poissonnier de le faire). Les rincer et les sécher.

Sortir le plat du four et disposer les filets tête-bêche sur le gratin. Recouvrir le poisson du reste de la préparation de pain et lait, parsemer des zestes, des suprêmes de citron et des câpres. Remettre dans le four encore 10 minutes. Servir aussitôt dans le plat.

Moules marinières au cari, au citron et à l'estragon

Si, comme moi, vous adorez les moules, vous apprécierez cette recette qui change des moules marinières classiques. Servez-les dans un bol, et n'oubliez pas les rince-doigts ni les serviettes de table, car elles se mangent avec les doigts.

Pour 4 personnes

Moules marinières

2 kg (4 lb) de moules, nettoyées et grattées
Un peu de beurre
1 grosse échalote française, émincée
2 gousses d'ail, émincées
250 ml (1 tasse) de vin blanc sec

Sauce au cari, au citron et à l'estragon

310 ml (1 ¼ tasse) de jus de cuisson des moules
Le jus de 1 citron
100 ml (3 ½ oz liq.) de crème 35 %
2 ml (½ c. à thé) de poudre de cari
5 branches d'estragon, les feuilles ciselées
Poivre du moulin

Laver et gratter les moules. Réserver.

Dans une grande casserole, faire fondre le beurre, et faire blondir l'échalote et l'ail.

Jeter les moules dans la casserole, puis arroser de vin blanc. Remuer en faisant remonter les moules du fond, vers le haut. Couvrir et cuire 10 minutes, en remuant les moules de temps en temps. Transférer les moules dans un grand plat creux, et les garder au chaud le temps de préparer la sauce.

Filtrer le jus de cuisson et le mettre dans une casserole. Ajouter le jus de citron, la crème, le cari, et porter à ébullition. Réduire le feu et laisser mijoter jusqu'à ce que la préparation réduise et épaississe. Ajouter l'estragon ciselé et le poivre, mélanger et verser la sauce sur les moules. Servir aussitôt.

73

Crevettes, sauce verte à l'ail et au citron

D'un étonnant vert émeraude, cette sauce à l'ail et au citron fait une trempette épicée et savoureuse pour les crevettes.

Pour 4 à 6 personnes

Ingrédients
1 l (4 tasses) d'eau
5 ml (1 c. à thé) de sel kasher
5 ml (1 c. à thé) de poivre en grains
5 ml (1 c. à thé) de flocons de piment rouge
10 ml (2 c. à thé) de paprika
10 ml (2 c. à thé) de graines de coriandre
24 crevettes géantes

Sauce
10 g (1 c. à soupe) d'ail haché
60 g (1 tasse) de feuilles de persil
30 g (½ tasse) de feuilles de coriandre
30 g (1 tasse) de feuilles d'épinards
30 ml (2 c. à soupe) de jus de citron
30 ml (2 c. à soupe) de jus d'orange
5 ml (1 c. à thé) d'écorce d'orange râpée
2 ml (½ c. à thé) de flocons de piment rouge
125 ml (½ tasse) d'huile d'olive
Sel et poivre du moulin

Dans une grande casserole, mélanger l'eau, le sel, le poivre en grains, les flocons de piment rouge, le paprika et les graines de coriandre. Porter à ébullition. Laisser bouillir 5 minutes.

Ajouter les crevettes. Ramener à feu mi-doux pour pocher les crevettes de 4 à 5 minutes ou jusqu'à ce qu'elles soient roses et fermes. Égoutter immédiatement et laisser refroidir dans une assiette.

SAUCE : Mélanger au robot culinaire l'ail, le persil, la coriandre, les épinards, le jus de citron, le jus d'orange, l'écorce d'orange et les flocons de piment rouge. Actionner jusqu'à obtenir un mélange qui contient encore de gros morceaux. Alors que le moteur tourne encore, ajouter l'huile dans le tube d'alimentation. Le mélange deviendra épais et lisse. Saler et poivrer.

Servir les crevettes avec la sauce.

crevette

Brochettes de crevettes au citron, à l'ail et au basilic

Si vous n'avez pas de moutarde au miel, vous n'avez qu'à ajouter un peu de miel à de la moutarde de Dijon. Vous pouvez aussi remplacer le basilic par de la ciboulette ou du persil, si ceux-ci envahissent votre jardin.

Pour 4 personnes en hors-d'œuvre ou pour 2 à 3 personnes comme plat principal

Ingrédients

60 ml (¼ tasse) de jus de citron
30 ml (2 c. à soupe) d'huile d'olive
15 ml (1 c. à soupe) de moutarde au miel
2 gousses d'ail, hachées finement
7 ml (1 ½ c. à thé) de zeste de citron râpé finement
500 g (1 lb) de très grosses crevettes, décortiquées
Sel
6 feuilles de basilic, taillées en lamelles

Dans un bol moyen, battre au fouet le jus de citron et l'huile, la moutarde, l'ail et le zeste de citron. Incorporer les crevettes et remuer pour bien enduire du mélange. Couvrir et laisser mariner au réfrigérateur environ 45 minutes.

Huiler la grille et chauffer le barbecue à feu vif. Enfiler les crevettes sur les brochettes. Saler légèrement les deux côtés.

Mettre sur le gril et faire griller jusqu'à ce que les crevettes soient roses, de 1 minute 30 secondes à 2 minutes de chaque côté environ. Retirer et déposer sur un plat de service. Parsemer de basilic.

Pétoncles au citron et à l'érable

Avec cette recette, j'ai misé sur deux saveurs que j'adore : le citron et le sirop d'érable. La sauce a la consistance d'un beurre blanc. Pour apprécier ce genre d'entrée, il faut aimer le sucré-salé, et c'est absolument divin.

Pour 4 personnes

Ingrédients

15 g (1 c. à soupe) de beurre
1 échalote française, émincée finement
30 ml (2 c. à soupe) de jus de citron
60 ml (¼ tasse) de vin blanc
Le zeste de 1 citron, haché finement
60 ml (¼ tasse) de sirop d'érable
80 ml (⅓ tasse) de crème 35 %
Sel et poivre
15 g (1 c. à soupe) de beurre
15 ml (1 c. à soupe) d'huile
16 gros pétoncles, parés et épongés

Dans un poêlon, faire fondre le beurre et y faire revenir l'échalote. Déglacer avec le jus de citron et le vin blanc et laisser réduire de moitié.

Ajouter le zeste de citron et le sirop d'érable, porter à ébullition. Incorporer la crème en remuant et faire mijoter 2 à 3 minutes. Saler et poivrer au goût. Réserver au chaud pour le service.

Dans une poêle, fondre le beurre et l'huile à feu vif et y faire cuire les pétoncles 1 minute de chaque côté. Servir 4 pétoncles par personne, napper de sauce et servir aussitôt avec un riz ou des légumes de saison.

Pétoncles poêlés au pesto de citron Meyer

Faute de citron Meyer, utilisez une tangerine ou une mandarine ainsi qu'un peu de jus de citron (environ 15 ml [1 c. à soupe]). Pour cette recette, utilisez de préférence de gros pétoncles (8 par 500 g [1 lb]).

Pour 4 personnes

Pesto au citron Meyer

1 citron Meyer, épépiné et coupé en morceaux
15 g (¼ tasse) de basilic frais haché
15 g (¼ tasse) de menthe fraîche hachée
5 ml (1 c. à thé) d'ail haché
50 ml (3. c. à soupe) d'huile d'olive
25 g (¼ tasse) de fromage parmesan râpé
Sel et poivre du moulin

Pétoncles

30 ml (2 c. à soupe) d'huile d'olive
8 gros pétoncles

PESTO : Mettre le citron Meyer dans un robot culinaire. Ajouter le basilic, la menthe et l'ail, et actionner jusqu'à ce que les ingrédients soient hachés grossièrement. Ajouter l'huile d'olive et le fromage, et actionner de nouveau jusqu'à ce que le pesto soit légèrement grumeleux. Saler et poivrer au goût.

PÉTONCLES : Chauffer l'huile d'olive dans une poêle antiadhésive sur feu vif. Saler et poivrer les pétoncles. Les saisir environ 2 minutes par face ou jusqu'à ce que l'extérieur soit bien glacé et l'intérieur, opaque. Transférer sur une assiette.

Servir avec un risotto au citron (voir page 124) dans des bols de service et coiffer de 2 pétoncles chaque bol de risotto. Garnir les pétoncles d'un peu de pesto, et en mettre aussi tout autour du bol.

Viandes et volailles

Cailles farcies et rôties, aux parfums de citron et de thym

La dernière fois que j'avais mangé des cailles avant de réaliser cette recette, c'était au restaurant, et les cailles étaient farcies de foie gras. La farce est ici plus modeste, mais elle vaut largement le détour : une chair à saucisses relevée aux parfums de citron et de thym, et les cailles sont badigeonnées d'un mélange d'huile d'olive et de moutarde. Avouez que c'est simple ! Et c'est aussi très, très bon !

Pour 6 personnes

Ingrédients
6 cailles
Sel et poivre
30 ml (2 c. à soupe) de moutarde de Dijon
45 ml (3 c. à soupe) d'huile d'olive

Farce
3 saucisses, le boyau enlevé
Le zeste fin de 2 citrons
5 ml (1 c. à thé) de thym
1 gousse d'ail, hachée finement
30 ml (2 c. à soupe) d'huile d'olive

Préchauffer le four à 180 °C (350 °F).

FARCE : Dans un bol, mélanger la chair des saucisses, le zeste de citron, le thym, l'ail et l'huile d'olive.

Farcir les cailles avec le mélange, les saler et les poivrer, puis les réserver dans un plat allant au four.

Dans un bol, mélanger la moutarde de Dijon et l'huile d'olive. Bien fouetter pour obtenir un mélange homogène. Avec un pinceau, badigeonner de toutes parts les cailles du mélange.

Enfourner pendant 25 à 30 minutes, ou jusqu'à ce que les cailles soient bien dorées.

Poulet au miel et au citron

Le poulet froid est délicieux en pique-nique. Vous pouvez remplacer les herbes de Provence par 30 ml (2 c. à soupe) d'un mélange d'herbes (thym, basilic, sarriette, origan, et une petite quantité de fleurs de lavande et de romarin) que vous aurez récoltées dans le potager et hachées très finement.

Pour 8 personnes

Ingrédients

2 gros poulets coupés en quartiers
160 ml (²/₃ tasse) de miel liquide
10 g (1 c. à soupe) de zeste de citron finement râpé
15 ml (1 c. à soupe) d'herbes de Provence séchées

Sel et poivre noir du moulin
15 g (¼ tasse) de persil frais haché
5 ml (1 c. à thé) de jus de citron
2 citrons, tous deux coupés en huit quartiers

Placer la grille du four au-dessus du centre et préchauffer le four à 230 °C (450 °F). Chemiser de papier d'aluminium une rôtissoire.

Enlever et jeter l'excédent de gras et la peau du poulet. (La peau enduite de miel brûle plus facilement et ne devient pas croustillante.) Déposer dans la rôtissoire les morceaux de poulet en les espaçant : l'os au fond, les poitrines dans les coins et les cuisses au milieu.

Mélanger le miel et le zeste, et réserver 30 ml (2 c. à soupe) de ce mélange pour la fin de la cuisson. Chauffer un autre 30 ml (2 c. à soupe) au four à micro-ondes pendant 10 à 15 secondes pour le liquéfier. En badigeonner les morceaux de poulet, puis les saupoudrer de fines herbes. Bien assaisonner de pincées de sel et de quelques tours de moulin de poivre noir.

Faire cuire le poulet 15 minutes, puis l'arroser de la moitié du mélange de miel qui reste. Poursuivre la cuisson au four encore 15 minutes. Arroser de nouveau avec l'autre moitié du mélange de miel. Poursuivre la cuisson pendant 5 minutes supplémentaires ou jusqu'à ce que les morceaux de poulet soient bien dorés et que les poitrines atteignent une température de près de 75 °C (170 °F) sur un thermomètre à viande.

Retirer les morceaux de poulet du jus de cuisson et les mettre sur une plaque de cuisson au four. À l'aide d'un pinceau propre (pour éviter toute contamination croisée), les badigeonner du mélange de miel. Saupoudrer de persil.

Filtrer le jus de cuisson dans une tasse à mesurer. Écumer le gras en surface et le jeter. Incorporer au jus environ 5 ml (1 c. à thé) de jus de citron. Servir le jus de cuisson avec les morceaux de poulet ou le couvrir et le réfrigérer s'il est servi plus tard. (Il faut cependant réchauffer le jus avant de le servir.)

Servir le poulet réchauffé ou froid avec le jus de cuisson et des quartiers de citron pour que les invités puissent les presser à leur gré sur le poulet.

Pâté au poulet, aux poireaux et au citron

Le meilleur pâté au poulet ! Le citron et l'estragon rehaussent beaucoup la saveur de la sauce et la cuisson des poitrines au gril donne un goût différent des pâtés habituels.

Pour 4 personnes

Ingrédients

30 ml (2 c. à soupe) d'huile d'olive
30 ml (2 c. à soupe) de jus de citron
4 poitrines de poulet désossées, sans la peau
Sel et poivre frais moulu

Garniture

12 gousses d'ail
3 poireaux
45 g (3 c. à soupe) de beurre
30 g (3 c. à soupe) de farine

500 ml (2 tasses) de bouillon de poulet
15 ml (1 c. à soupe) d'estragon frais haché
 ou 5 ml (1 c. à thé) d'estragon séché
30 ml (2 c. à soupe) de jus de citron
5 ml (1 c. à thé) de zeste de citron râpé
60 ml (¼ tasse) de crème 35 %
Sel et poivre frais moulu
110 g (¾ tasse) de petits pois, dégelés si surgelés
250 g (½ lb) de pâte brisée maison ou du commerce
1 œuf, battu avec 1 pincée de sel

Mélanger l'huile et le jus de citron, et badigeonner du mélange les poitrines de poulet. Saler et poivrer.

Chauffer le gril du four ou utiliser un gril électrique. Faire griller les poitrines de poulet, 5 minutes de chaque côté ou jusqu'à ce qu'elles soient encore légèrement roses à l'intérieur. Laisser refroidir. Couper en cubes de 4 cm (1 ½ po) et réserver.

Préchauffer le four à 190 °C (375 °F).

Placer l'ail dans de l'eau froide, porter à ébullition et faire bouillir 5 minutes. Égoutter l'ail et le peler. Réserver.

Couper la partie verte et foncée des poireaux et la jeter. Bien laver les poireaux et les trancher en morceaux de 1 cm (½ po). Chauffer le beurre dans une poêle à feu moyen. Ajouter les poireaux et l'ail, et faire revenir 3 minutes ou jusqu'à ce que les poireaux ramollissent. Incorporer la farine et cuire jusqu'à ce qu'elle soit légèrement dorée, environ 4 minutes.

Incorporer le bouillon, l'estragon, le jus de citron et le zeste. Porter à ébullition. Ajouter la crème, réduire le feu et laisser mijoter 5 minutes ou jusqu'à ce que la sauce soit épaisse et brillante. Bien saler et poivrer. Incorporer les petits pois et le poulet. Placer la préparation dans un plat de 1,5 l (6 tasses) allant au four.

Abaisser la pâte à 5 mm (¼ po) d'épaisseur pour couvrir le dessus du plat. Tailler une bande de 2,5 cm (1 po) sur le bord de la pâte. Badigeonner le bord du moule d'eau et y déposer la bande. Badigeonner d'œuf (ne pas utiliser tout l'œuf). Déposer la pâte sur le dessus en scellant les bords. Faire un trou dans la pâte pour la vapeur, décorer avec les restes de pâte. Badigeonner d'œuf.

Cuire le pâté au centre du four, de 30 à 35 minutes ou jusqu'à ce que la croûte soit dorée et que la garniture bouillonne.

Petits poulets de Cornouailles farcis, au citron et à l'érable

Pour l'Action de grâce, nous sommes souvent en petits comités, et je ne me vois pas cuire une dinde et en manger pendant 10 jours de suite. J'opte pour des petits poulets de Cornouailles, des volailles de taille plus raisonnable pour nos appétits. La cuisson demande moins de surveillance qu'une dinde, et puis c'est très beau dans l'assiette.

Pour 4 personnes

Ingrédients
2 poulets de Cornouailles

Marinade
Le jus de 1 citron
60 ml (¼ tasse) d'huile d'olive
60 ml (¼ tasse) de sirop d'érable
15 ml (1 c. à soupe) de moutarde de Dijon
2 gousses d'ail, émincées
1 branche de romarin, effeuillée et émincée
6 feuilles de sauge, émincées

Farce
2 tranches de pain, sans la croûte,
    coupées en petits morceaux
2 oignons verts, émincés
1 branche de céleri, émincée
Le jus de ½ citron
Le zeste de 1 citron
30 ml (2 c. à soupe) de sirop d'érable
1 branche de romarin, effeuillée et émincée
6 feuilles de sauge, émincées

FARCE : Dans un petit bol, mélanger le pain, les oignons verts, le céleri, le jus et le zeste de citron, le sirop d'érable, le romarin et la sauge.

À l'aide d'une cuillère, remplir la cavité des poulets avec la farce. Refermer les cavités avec un cure-dent. Réserver.

MARINADE : Dans un grand bol, mélanger le jus de citron, l'huile d'olive, le sirop d'érable, la moutarde de Dijon, l'ail, le romarin et la sauge. Dans ce même bol, déposer les poulets et les badigeonner de marinade à l'aide d'un pinceau. Couvrir de film alimentaire et réfrigérer pour 1 heure. Après 30 minutes, tourner les poulets.

CUISSON : Préchauffer le four à 180 °C (350 °F) et positionner la grille au centre du four. Déposer les poulets dans un plat rectangulaire allant au four de 23 x 33 cm (9 x 13 po) et les recouvrir de leur marinade. Enfourner pour 1 heure 15 minutes, jusqu'à ce que la température interne du poulet atteigne 82 °C (180 °F).

Au moment de servir, napper du jus de cuisson et servir avec l'accompagnement de votre choix.

Poulet au citron

Un plat classique de la cuisine française, ici simplifié, bourré de saveurs fraîches. Servez-le avec des pommes de terre rouges rôties et des haricots verts.

Pour 4 personnes

Ingrédients

1 citron

1 bulbe d'ail

500 ml (2 tasses) de bouillon de poulet, fait maison
 ou faible en sodium

4 poitrines de poulet désossées, avec la peau

Sel et poivre frais moulu

15 ml (1 c. à soupe) de thym frais haché ou
 5 ml (1 c. à thé) de thym séché

30 ml (2 c. à soupe) d'huile d'olive

2 ml (½ c. à thé) de sucre

125 ml (½ tasse) de vin blanc

60 ml (¼ tasse) de Brandy

60 ml (¼ tasse) de crème 35 %

10 g (2 c. à soupe) de persil frais haché

Râper finement le citron pour obtenir 10 g (1 c. à soupe) de zeste. Retirer le reste de la pelure et la membrane blanche du citron et couper la chair en tranches minces.

Séparer l'ail en gousses, couper le bout de la racine, mais ne pas peler les gousses. Dans une casserole, les ajouter au bouillon de poulet et porter à ébullition. Laisser mijoter 3 minutes. Filtrer et réserver le bouillon. Éplucher les gousses d'ail. Si les gousses d'ail sont grosses, les couper en deux.

Préchauffer le four à 230 °C (450 °F). Chauffer l'huile dans une poêle à feu moyen.

Assaisonner le poulet de sel, de poivre et de thym; faire frire, la peau en dessous, de 4 à 5 minutes ou jusqu'à ce que la peau soit dorée. Retourner le poulet et faire dorer de l'autre côté pendant 1 minute. Retirer de la poêle et déposer le poulet dans un plat huilé allant au four et juste assez grand pour le recevoir, en plaçant la peau vers le haut. Jeter le gras de la poêle.

Disperser les tranches de citron et les gousses d'ail autour du poulet. Saupoudrer le sucre sur les tranches de citron. Cuire le poulet au four de 15 à 20 minutes ou jusqu'à ce qu'il soit tendre sans être sec.

Entre-temps, ajouter le vin dans la poêle, porter à ébullition et faire réduire de moitié. Ajouter le bouillon, le brandy et le zeste de citron râpé. Porter à ébullition en remuant. Ajouter la crème et faire bouillir jusqu'à l'obtention d'un léger épaississement, soit de 5 à 8 minutes. Incorporer le persil.

Placer le poulet et les morceaux de citron dans une grande assiette de service. Parsemer de gousses d'ail. Retirer tout le gras du plat et verser le jus de cuisson dans la sauce. Pour servir, verser la sauce sur le poulet.

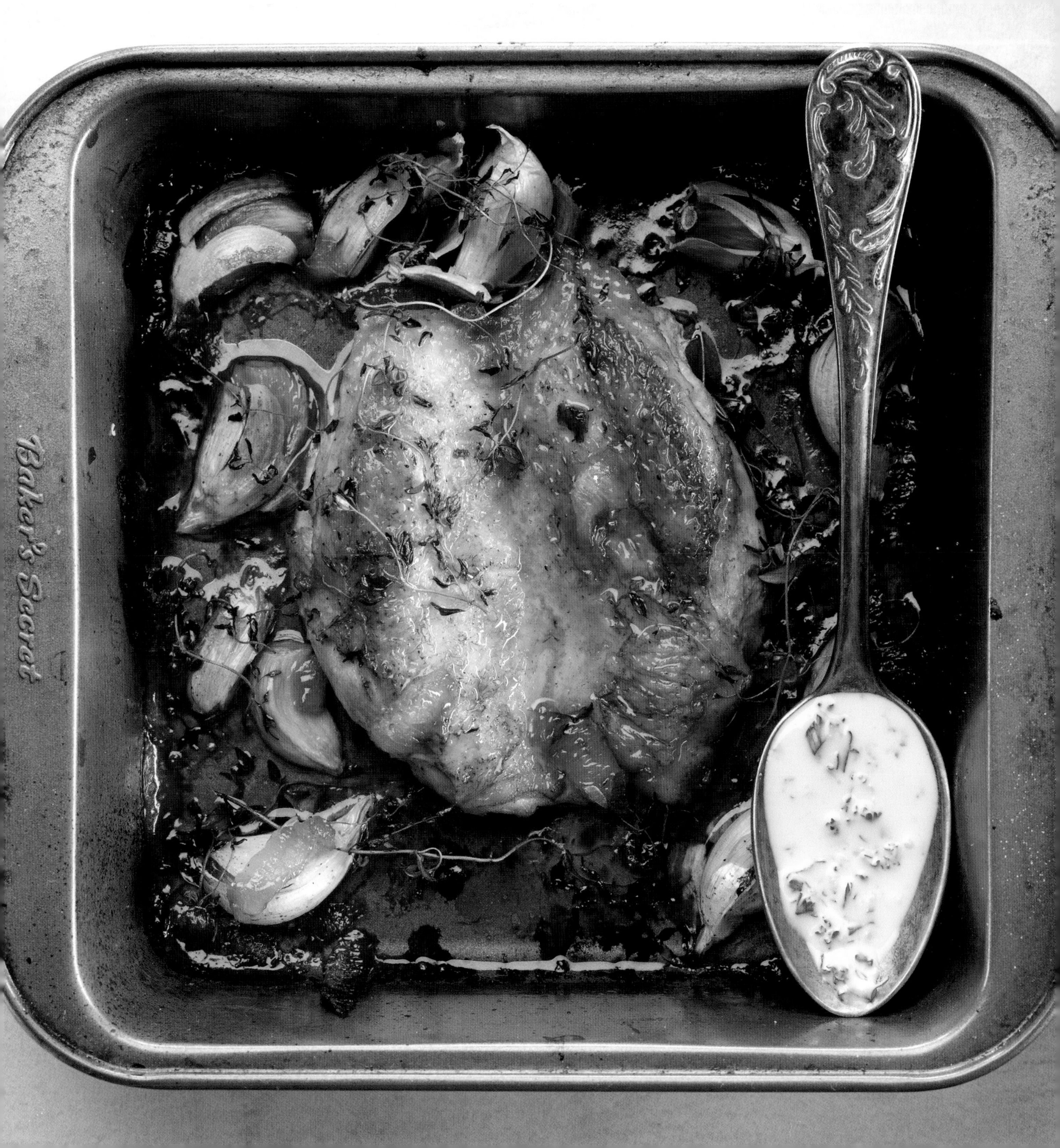
Baker's Secret

Poulet au citron et au gingembre

Les citrons et le gingembre sont des ingrédients présents toute l'année dans ma cuisine. C'est donc tout naturellement que je les associe régulièrement. Cette recette a tout pour plaire : elle est simple et pleine de saveurs !

Pour 4 personnes

Ingrédients

30 ml (2 c. à soupe) d'huile
500 g (1 lb) de poitrines de poulet, coupées en languettes
1 échalote française, émincée
10 ml (2 c. à thé) de gingembre frais, pelé et haché finement
Le zeste de 1 citron, coupé en fines juliennes
Poivre
60 ml (¼ tasse) de bouillon de poulet
30 ml (2 c. à soupe) de vinaigre de riz
45 ml (3 c. à soupe) de sauce soja légère
Le jus de 1 citron
Graines de sésame, pour saupoudrer

Dans une grande poêle, verser l'huile et faire cuire les languettes de poulet et l'échalote avec le gingembre et le zeste de citron. Poivrer.

Ajouter le bouillon de poulet, le vinaigre de riz et la sauce soja; porter à ébullition. Cuire à feu vif jusqu'à ce que le jus de cuisson ait réduit de moitié.

Incorporer le jus de citron et mélanger.

Au moment de servir, saupoudrer de graines de sésame.

Poulet aux olives et au citron confit

Les citrons confits sont une spécialité de la cuisine nord-africaine. Les citrons sont macérés dans le sel, ce qui les amollit et leur confère un goût mariné bien particulier. Ces citrons confits sont faciles à préparer, mais ils doivent être faits 30 jours à l'avance (voir page 136). Ce plat peut être cuisiné à l'avance et réchauffé.

Pour 4 personnes

Ingrédients

1 poulet de grain d'environ 2 kg (4 lb), coupé en huit morceaux

Sel et poivre frais moulu

30 g (2 c. à soupe) de beurre

30 ml (2 c. à soupe) d'huile d'olive

2 oignons moyens, coupés en petits dés

3 gousses d'ail, coupées en petits dés

5 ml (1 c. à thé) de paprika

5 ml (1 c. à thé) de gingembre moulu

2 ml (½ c. à thé) de stigmates de safran

375 ml (1 ½ tasse) d'eau

15 g (¼ tasse) de persil haché

15 g (¼ tasse) de coriandre hachée

1 citron confit

140 g (1 tasse) d'olives vertes

125 ml (½ tasse) de jus de citron frais pressé

Sécher le poulet avec de l'essuie-tout, le saler et le poivrer.

Chauffer le beurre et l'huile dans une grande poêle. Y mettre le poulet, côté peau vers le bas, et le faire dorer. Ne pas le retourner. Une fois qu'il est doré, baisser le feu, ajouter l'oignon et l'ail, et remuer pour bien mélanger les ingrédients.

Mélanger le paprika, le gingembre et le safran avec l'eau. Ajouter le mélange au poulet, de même que la moitié du persil haché et de la coriandre, puis porter à ébullition. Ramener à feu doux et faire mijoter le poulet 40 minutes à découvert, en retournant les morceaux de temps en temps.

Pendant que le poulet cuit, couper le citron confit en deux, retirer la pulpe et la jeter. Couper l'écorce en allumettes. Écraser les olives avec la lame d'un couteau pour les dénoyauter. Ajouter le citron et les olives au poulet, de même que le jus de citron. Poursuivre la cuisson jusqu'à ce que le poulet soit très tendre (environ 10 minutes de plus).

Parsemer des fines herbes qui restent, vérifier l'assaisonnement (il y a des citrons confits qui sont plus salés que d'autres) et servir avec du couscous vapeur.

Poulet rôti au prosciutto, au citron et à la sauge

Si, comme moi, vous aimez le poulet rôti, vous allez adorer celui-ci aux saveurs italiennes. N'hésitez pas à le préparer quand vous recevrez; vos invités vous demanderont la recette.

Pour 4 personnes

Ingrédients

15 g (1 c. à soupe) de beurre
15 ml (1 c. à soupe) de moutarde de Dijon
4 fines tranches de prosciutto (environ 60 g [2 oz]), hachées finement
30 ml (2 c. à soupe) de sauge hachée finement
Le zeste de 1 citron
1 grosse gousse d'ail, hachée finement
De généreuses pincées de sel, de poivre et de paprika
1 poulet entier de 1,5 kg (3 lb)

Préchauffer le four à 190 °C (375 °F).

Mettre le beurre et la moutarde de Dijon dans un bol et les mélanger pour bien les amalgamer. Incorporer le prosciutto, la sauge, le zeste de citron, l'ail et quelques pincées de sel et de poivre.

Avec les mains, relever soigneusement juste assez de la peau d'une poitrine pour pouvoir glisser environ le quart de la préparation au beurre entre la peau et la chair. Se servir de ses mains sur la peau pour répartir la préparation sous la peau. Faire de même avec l'autre poitrine et les hauts de cuisse pour y insérer la préparation sous la peau.

Assaisonner la peau du poulet de sel, de poivre et de paprika. Ficeler les pattes, si désiré.

Mettre le poulet dans une petite rôtissoire et l'enfourner sur la grille du milieu dans le four préchauffé. Arroser le poulet de temps en temps au cours de la cuisson et le cuire jusqu'à ce que le liquide qui s'échappe quand on pique la cuisse à la fourchette soit translucide (environ 1 heure 15 minutes).

Tajine de poulet au citron et aux pruneaux

La cuisine nord-africaine est l'une des cuisines que j'apprécie le plus. Je la trouve chaleureuse et conviviale, sucrée-salée et toujours bien épicée. Le ras-el-hanout est un mélange d'épices utilisé principalement dans la cuisine du Maghreb. Bien que les recettes vendues en flacon à travers le monde ne contiennent que six à dix épices, la recette traditionnelle du ras-el-hanout varie entre 24 et 27 ingrédients (formule la plus courante) et peut aller jusqu'à plus de quarante. Vous pourrez vous en procurer facilement dans les épiceries orientales.

Pour 4 personnes

Ingrédients

250 g (½ lb) de pruneaux dénoyautés
Eau
100 g (½ tasse) de sucre
30 ml (2 c. à soupe) d'huile d'olive
80 g (1/3 tasse) de beurre
4 gros oignons, hachés

Sel et poivre
4 pattes de poulet (cuisses et pilons), la peau enlevée
15 ml (1 c. à soupe) de ras-el-hanout
1 citron, coupé en petits quartiers
75 g (½ tasse) d'amandes émondées

Préchauffer le four à 180 °C (350 °F).

Mettre les pruneaux dans une casserole et les couvrir d'eau. Porter à ébullition et ajouter le sucre. Cuire à feu doux pendant 20 minutes, en remuant de temps en temps. Réserver.

Faire chauffer l'huile d'olive avec la moitié du beurre dans une grande poêle. Y faire blondir les oignons à feu doux, pendant 15 minutes. Saler et poivrer. Transférer les oignons au fond du plat à tajine (ou d'une cocotte en terre cuite vernissée, ou en fonte).

Dans la même poêle, faire fondre le beurre restant. Ajouter les pattes de poulet et les faire dorer sur toutes les faces. Assaisonner avec du sel, du poivre et le ras-el-hanout. Bien mélanger pendant 2 minutes. Poser les pattes de poulet sur les oignons, dans le plat à tajine.

Déglacer la poêle avec un peu d'eau en décollant bien les sucs du poulet à l'aide d'une spatule en bois. Verser sur les morceaux de poulet. Ajouter les pruneaux et leur jus, les quartiers de citron et les amandes.

Couvrir et enfourner pendant 1 heure.

Ôter le couvercle et remettre au four pendant 5 minutes pour dorer un peu la surface. Servir dans le plat de cuisson et accompagner d'un couscous vapeur.

Lapin au miel et au citron

J'ai un goût immodéré pour le lapin, je le cuisine à toutes les sauces. La viande de lapin étant naturellement fade, il faut bien la relever pour l'apprécier. Cette recette est toute simple à préparer, mais elle très goûteuse.

Pour 4 à 6 personnes

Ingrédients
45 ml (3 c. à soupe) de miel liquide
100 ml (3 ½ oz liq.) de jus de citron
100 ml (3 ½ oz liq.) de sauce soja légère
1 lapin, coupé en morceaux
60 ml (¼ tasse) d'huile d'olive
Poivre
60 ml (¼ tasse) de graines de sésame dorées

Faire tiédir le miel dans une casserole. Ajouter le jus de citron et la sauce soja.

Mettre les morceaux de lapin dans un plat et verser la marinade dessus. Couvrir d'un film alimentaire et laisser mariner 4 heures au réfrigérateur.

Retirer les morceaux de lapin de la marinade, puis les faire dorer dans une cocotte dans l'huile d'olive, puis ajouter la marinade et poivrer. Laisser cuire de 15 à 20 minutes sur feu doux, en retournant régulièrement les morceaux. Ajouter un peu d'eau si nécessaire.

Au moment de servir, saupoudrer de graines de sésame. Accompagner le lapin de pommes de terre cuites à la vapeur ou de pâtes fraîches au beurre.

Filets de porc farcis aux pistaches et citron confit

Le filet de porc est, paraît-il, la viande préférée des Québécois. C'est vrai qu'on ne peut guère se tromper sur la tendreté de cette viande. Ici, la farce est toute en simplicité, mais très aromatique.

Pour 4 à 6 personnes

Ingrédients

75 g (½ tasse) + 40 g (¼ tasse) de pistaches non salées, hachées
1 citron confit (voir page 136)
Poivre
2 filets de porc moyens
30 ml (2 c. à soupe) de moutarde de Meaux ou à l'ancienne
60 ml (¼ tasse) de vin blanc sec
60 ml (¼ tasse) d'huile d'olive

Préchauffer le four à 200 °C (400 °F).

Préparer la farce en mélangeant les 75 g (½ tasse) de pistaches hachées, le citron confit coupé en petits morceaux et le poivre.

Ouvrir les filets dans le sens de la longueur, sans les séparer complètement. Placer la farce bien au centre des filets puis refermer en ficelant bien serré.

Badigeonner les filets de moutarde et les déposer dans un plat allant au four. Verser le vin blanc et l'huile d'olive dans le plat, puis saupoudrer les filets de porc de 40 g (¼ tasse) de pistaches hachées. Enfourner pour 20 minutes.

Sortir les filets du four et les déposer sur une planche à découper. Les recouvrir de papier d'aluminium et attendre 10 minutes avant de les découper. Servir avec des légumes.

Boulettes de porc à la coriandre et au citron

Quand je cuisine le porc haché, c'est cette recette de boulettes que je prépare, car elle est très appréciée par toute la famille. Ces boulettes sont moelleuses et savoureuses, et la sauce est un vrai bijou.

Pour 6 personnes

Boulettes

750 g (1 ½ lb) de porc haché maigre
4 oignons verts, hachés finement
3 gousses d'ail, hachées finement
1 œuf
60 g (1 tasse) de pain multigrain émietté
12 g (3 c. à soupe) de coriandre fraîche hachée
10 g (1 c. à soupe) de gingembre frais haché finement
30 ml (2 c. à soupe) de jus de citron
Sel et poivre du moulin

Sauce au miel au cari

80 ml (⅓ tasse) de miel
15 ml (1 c. à soupe) de moutarde de Dijon
7 ml (1 ½ c. à thé) de pâte de cari
5 ml (1 c. à thé) de zeste de citron
15 ml (1 c. à soupe) de jus de citron

Préchauffer le barbecue à intensité élevée ou le four à 200 °C (400 °F).

Mélanger tous les ingrédients des boulettes. Assaisonner. Façonner en boulettes d'environ 2,5 cm (1 po) et les déposer dans une assiette ou, pour la cuisson au four, sur une plaque à biscuits recouverte d'un papier parchemin.

Diminuer l'intensité du barbecue à température moyenne et cuire les boulettes de 8 à 10 minutes (ou 12 à 15 minutes au four).

Mélanger tous les ingrédients de la sauce. Servir avec les boulettes chaudes.

Rôti de porc gremolata

Pour cette recette, j'ai opté pour une cuisson lente, en cocotte et à très basse température. Vous serez surpris de constater qu'avec cette méthode, fini le rôti élastique et cru à l'intérieur. La gremolata vient compléter ce plat avec couleurs et avec beaucoup de saveurs.

Pour 6 personnes

Ingrédients

2 oranges

1 citron

1 kg (2 lb) de rôti de porc

45 g (3 c. à soupe) de beurre

15 ml (1 c. à soupe) d'huile

4 gousses d'ail, hachées

2 échalotes françaises, émincées

160 ml (²/₃ tasse) de vin blanc

1 brin de thym

Sel et poivre

30 g (2 c. à soupe) de beurre supplémentaire

15 g (¼ tasse) de persil ciselé

Préchauffer le four à 120 °C (250 °F). Laver les oranges et le citron, puis les zester. Presser les jus. Réserver.

Dorer le rôti à la cocotte, sur toutes les faces, avec la moitié du beurre, l'huile et deux gousses d'ail. Jeter le gras de cuisson et réserver le rôti dans une assiette.

Ajouter l'autre moitié du beurre et les échalotes, et faire revenir sans colorer. Replacer le rôti dans la cocotte avec les jus d'agrumes, un peu de zeste d'orange, le vin et le thym. Saler et poivrer. Porter à frémissement, couvrir et enfourner pour 2 heures.

Ébouillanter les zestes restants pendant 2 minutes. Les rafraîchir et les égoutter. Les mélanger avec le reste d'ail haché, les 30 g (2 c. à soupe) de beurre supplémentaire et le persil. Chauffer 2 minutes au four à micro-ondes au moment du service.

Dès la fin de la cuisson du rôti de porc, le retirer de la cocotte et le napper de gremolata. Servir avec le jus de cuisson en saucière.

Escalopes de veau, sauce citronnée

C'est le plat simplissime par excellence. Il sera à son meilleur si vous le servez avec un bon plat de pâtes fraîches au beurre.

Pour 4 personnes

Ingrédients
4 escalopes de veau
40 g (¼ tasse) de farine
3 citrons non traités
160 ml (2/3 tasse) de vin blanc sec
Sel et poivre du moulin
10 g (2 c. à soupe) de persil haché
15 ml (1 c. à soupe) d'huile d'olive
50 g (3 c. à soupe) de beurre

Poser les escalopes entre deux morceaux de film alimentaire et les aplatir au rouleau à pâtisserie. Les passer dans la farine et secouer pour éliminer l'excédent.

Prélever le zeste et le jus de 1 citron. Couper les deux autres citrons en quartiers. Dans une petite casserole, porter à ébullition le zeste, le jus de citron et le vin. Laisser réduire pendant 5 minutes. Assaisonner de sel et de poivre, puis ajouter le persil. Réserver au chaud.

Cuire les escalopes de veau, 3 minutes de chaque côté, dans l'huile et le beurre chauds, jusqu'à ce qu'elles soient bien dorées. Saler et poivrer.

Répartir les escalopes sur les assiettes, napper de sauce et décorer avec les quartiers de citron.

Tajine de keftas au citron confit et aux olives

Je ne cuisine pas beaucoup le bœuf haché, sauf pour réaliser des galettes de hamburgers. Aussi, pour varier et surprendre ma famille, je le prépare en keftas. Comme toute la cuisine du Maghreb, c'est simple, très bon et bien parfumé.

Pour 6 personnes

Ingrédients

500 g (1 lb) de bœuf haché

30 g (½ tasse) de coriandre fraîche hachée

2 ml (½ c. à thé) de cumin en poudre

5 ml (1 c. à thé) de cannelle

Sel et poivre

30 ml (2 c. à soupe) d'huile d'olive

2 oignons, émincés

3 gousses d'ail

5 ml (1 c. à thé) de ras-el-hanout

1 pincée de pistils de safran

5 ml (1 c. à thé) de curcuma

2 citrons confits (voir page 136)

310 ml (1 ¼ tasse) de bouillon de bœuf

200 g (1 ½ tasse) d'olives vertes

6 pommes de terre, pelées et coupées en quatre

Dans un grand saladier, mélanger le bœuf haché, la moitié de la coriandre, le cumin, la moitié de la cannelle, puis saler et poivrer. Mélanger avec les mains et façonner des boulettes de la taille d'une balle de golf. Réserver au réfrigérateur.

Mettre l'huile d'olive dans un plat à tajine. (À défaut, utiliser une grande casserole qui va au four.) Ajouter les oignons et l'ail, et faire revenir. Ajouter le ras-el-hanout et laisser mijoter 5 minutes.

Déposer les keftas dans le tajine, ajouter le reste des épices (l'autre moitié de la cannelle, le safran et le curcuma).

Couper en quartiers les citrons confits et ajouter à la préparation, poivrer, puis ajouter le bouillon de bœuf et laisser mijoter à feu très doux pendant 20 minutes. Les boulettes doivent être tendres.

Rincer les olives et les ajouter au tajine avec les pommes de terre. Poursuivre la cuisson 20 minutes. Servir aussitôt, saupoudré du reste de coriandre.

Côtes de veau rôties au citron et aux olives

Je trouve que les côtes de veau ont un goût délicat et qu'elles s'accordent bien avec le citron et les olives. Le fait de saisir les côtes de veau avant de les faire rôtir aide à préserver la tendreté de la viande. Vous pouvez facilement doubler la recette.

Pour 2 personnes

Ingrédients
2 côtes de veau de 4 cm (1 ½ po) d'épaisseur (coupe française)
2 citrons
Sel de mer et poivre noir du moulin
15 ml (1 c. à soupe) d'huile d'olive
250 ml (1 tasse) de bouillon de veau ou de bœuf
35 g (¼ tasse) d'olives vertes dénoyautées et hachées grossièrement
15 g (1 c. à soupe) de beurre

Sortir les côtes de veau du réfrigérateur 1 heure avant la cuisson. Préchauffer le four à 220 °C (425 °F).

Prélever deux grands zestes sur 1 citron et réserver. Couper une tranche épaisse aux deux extrémités du citron pour en exposer la pulpe. Faire tenir le citron debout sur une planche à découper et enlever la peau et la partie blanche et amère, en allant du haut vers le bas.

En tenant le fruit au-dessus d'un bol, couper le long de chaque quartier vers le centre pour dégager les suprêmes de leur membrane. Extraire le jus des membranes évidées. Filtrer le jus et mettre les suprêmes de côté. Mesurer le jus obtenu. Il en faut 30 ml (2 c. à soupe). Presser l'autre citron si nécessaire.

Éponger les côtes de veau à l'aide d'essuie-tout. Saler et poivrer.

Faire chauffer l'huile dans une grande poêle à frire sur feu mi-vif et y colorer les côtes environ 2 minutes par face. Transférer les côtes dans une rôtissoire et les faire cuire au four de 10 à 15 minutes. La température interne doit atteindre entre 55 et 57 °C (130 et 135 °F). Transférer les côtes sur une assiette, les couvrir de papier d'aluminium et les laisser reposer 5 minutes.

Pendant que les côtelettes cuisent au four, verser le bouillon dans la poêle et ajouter le zeste de citron. Porter le bouillon à ébullition en déglaçant la poêle, et le laisser bouillir jusqu'à ce qu'il n'en reste plus que 60 ml (¼ tasse). Retirer le zeste, ajouter le jus de citron et les olives, puis ôter la poêle du feu et incorporer le beurre pour le faire fondre. Ajouter ensuite les suprêmes de citron.

Napper les côtelettes de la sauce au citron et aux olives avant de les servir.

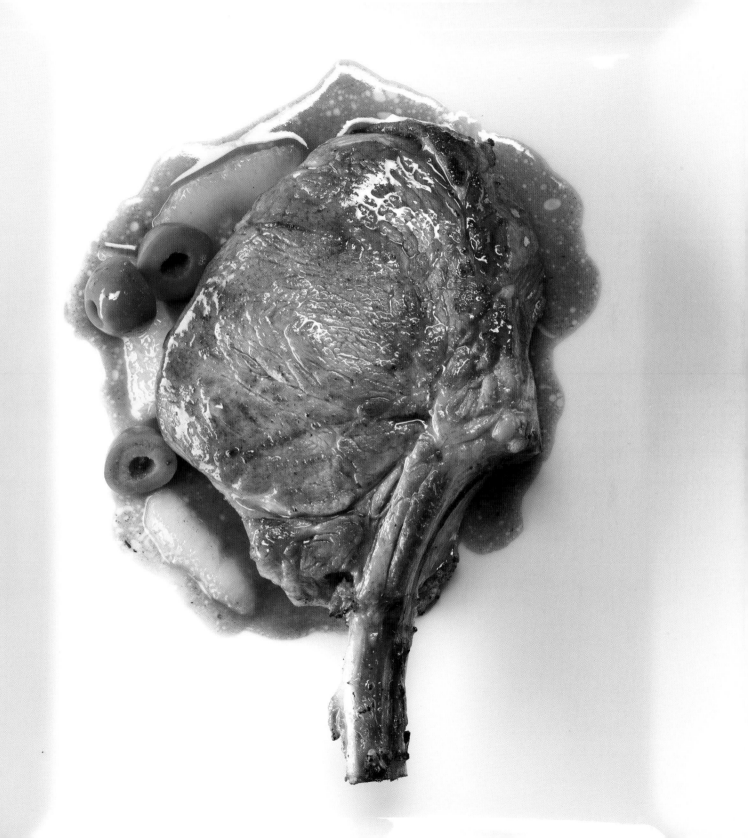

Blanquette de veau au citron confit et au safran

Je me souviens encore de la tête d'une de mes amies quand je l'ai invitée à souper et que je lui ai dit que nous ferions un souper à la bonne franquette, et que j'ai mis un plat de blanquette de veau sur la table. Je ne cherchais pas du tout à l'impressionner, bien que ce fut le cas, car c'est un plat que je fais depuis longtemps et que je trouve très facile à cuisiner. La base de cette recette est classique, mais je l'ai adaptée en ajoutant un citron confit et en la parfumant au safran. C'est tout simplement fantastique.

Pour 6 personnes

Ingrédients

125 ml (½ tasse) de crème 35 %

1 pincée de pistils de safran

1,5 kg (3 lb) de cubes de veau à braiser

Eau froide

Sel et poivre

1 oignon, pelé et piqué de 4 clous de girofle

4 échalotes françaises, pelées

2 carottes, épluchées et coupées en rondelles

1 citron confit (voir page 136), coupé en petits cubes

1 bouquet garni (thym, laurier, persil, feuilles de céleri)

250 g (2 ½ tasses) de champignons de Paris

90 g (2 c. à soupe) de beurre

30 petits oignons perlés

12 g (1 c. à soupe) de sucre

40 g (¼ tasse) de farine

1 jaune d'œuf

Le jus de ½ citron

5 g (1 c. à soupe) de persil haché

Dans une casserole, porter la crème et les pistils de safran à ébullition. Retirer du feu, couvrir et laisser infuser. Réserver au réfrigérateur.

Mettre les cubes de veau dans une cocotte et couvrir d'eau, assaisonner légèrement et porter à ébullition. Prendre soin de retirer l'écume qui se forme à la surface. Ajouter l'oignon piqué avec les clous de girofle, les échalotes, les carottes, le citron confit et le bouquet garni. Couvrir et laisser mijoter à petits bouillons pendant 2 heures.

Nettoyer les champignons et les sauter dans 15 g (1 c. à soupe) de beurre, assaisonner et réserver. Éplucher les oignons perlés et les cuire avec 15 g (1 c. à soupe) de beurre, le sucre et un peu d'eau, réserver.

Après les 2 heures de cuisson, sortir la viande et les légumes de la cocotte et réserver au chaud. Filtrer le jus de cuisson et le réserver.

Dans une autre casserole, préparer un roux en faisant cuire ensemble à feu doux 60 g (¼ tasse) de beurre et la farine, sans coloration. Ajouter le jus de cuisson réservé et cuire en mélangeant au fouet, jusqu'à ce que la sauce épaississe.

Mélanger le jaune d'œuf et la crème infusée au safran. Hors du feu, incorporer la crème à la sauce et arroser de jus de citron.

Assaisonner au besoin et verser la sauce sur les cubes de veau, les champignons et les petits oignons perlés. Servir la blanquette parsemée de persil.

Tajine d'agneau au citron confit et compotée d'oignons aux raisins secs

Ce plat est si parfumé qu'il suffit de l'accompagner d'un couscous cuit à la vapeur pour éviter de trop mélanger les saveurs. Vous embaumerez votre cuisine lors de la préparation de ce tajine. C'est un parfum qui donne faim.

Pour 6 personnes

Compotée d'oignons aux raisins secs
15 ml (1 c. à soupe) d'huile
4 oignons jaunes, émincés
150 g (1 tasse) de raisins secs
Eau
15 ml (1 c. à soupe) de miel liquide
30 ml (2 c. à soupe) de ras-el-hanout

Tajine
60 ml (¼ tasse) d'huile d'olive
2 ml (½ c. à thé) de poivre de Cayenne

5 ml (1 c. à thé) de cannelle en poudre
5 ml (1 c. à thé) de gingembre en poudre
1 pincée de safran
1,5 kg (3 lb) d'agneau, coupé en cubes
1 oignon, émincé
Sel et poivre
2 citrons confits (voir page 136), coupés en cubes
2 gousses d'ail, écrasées
250 ml (1 tasse) d'eau
30 ml (2 c. à soupe) de miel liquide
45 ml (3 c. à soupe) de graines de sésame, grillées

COMPOTÉE D'OIGNONS AUX RAISINS SECS : Faire chauffer l'huile dans une casserole et faire revenir les oignons 3 minutes en remuant souvent. Ajouter les raisins et mettre sur feu très doux avec un peu d'eau à hauteur. Rajouter un peu d'eau chaque fois qu'il en manque et remuer de temps en temps. Le mélange doit compoter lentement, au moins 2 heures. À mi-cuisson, ajouter le miel et le ras-el-hanout. La compotée est prête lorsqu'elle prend une belle couleur et qu'elle a la consistance d'une compote.

TAJINE : Préparer une huile épicée en mélangeant 30 ml (2 c. à soupe) d'huile d'olive avec le poivre de Cayenne, la cannelle, le gingembre et le safran. Enduire la viande d'huile épicée et la réserver au réfrigérateur pendant au moins 2 heures.

Faire chauffer l'huile restante dans une cocotte et y faire tomber l'oignon pendant 3 minutes. Ajouter les cubes d'agneau et les faire revenir 6 à 8 minutes. Saler, poivrer. Ajouter la moitié des morceaux de citrons confits et l'ail. Ajouter l'eau et cuire 1 heure 15 minutes à couvert, à feu très doux. À mi-cuisson, ajouter le reste des citrons confits et le miel.

Au terme de la cuisson, retirer la viande et laisser bouillir le jus de cuisson afin qu'il réduise, jusqu'à ce qu'il soit sirupeux. Remettre la viande dans son jus et réchauffer. Servir la viande avec la compotée d'oignons aux raisins secs et saupoudrer de graines de sésame grillées.

Pâtes, riz et accompagnements

Macaronis au citron

Il est important de cuire les pâtes *al dente*, car elles vont finir de cuire dans la sauce au citron. Ce plat étant assez riche, il peut être dégusté tout seul ou en accompagnement d'un poisson poché.

Pour 4 à 6 personnes

Ingrédients
3 citrons non traités
500 g (3 ½ tasses) de macaronis
60 g (¼ tasse) de beurre demi-sel
500 ml (2 tasses) de crème 35 %
Sel et poivre du moulin
75 g (¾ tasse) de parmesan râpé

Laver et essuyer les citrons, puis prélever les zestes à l'aide d'une râpe-zesteur (Microplane).

Cuire les pâtes dans une grande casserole d'eau salée, selon le temps indiqué sur l'emballage pour des pâtes *al dente*.

Pendant ce temps, dans une casserole, faire fondre doucement le beurre, ajouter la crème, le sel et le poivre, puis les zestes de citron, et faire bouillir 3 minutes. La crème épaissira un peu.

Égoutter les pâtes, puis les transvaser dans un plat creux de service. Verser la sauce au citron sur les pâtes, puis saupoudrer de parmesan râpé.

Salade de pâtes au citron, féta et tomates cerises

C'est une salade-repas de pâtes qui fera fureur lors d'un pique-nique ou d'un dîner d'été. N'hésitez pas à modifier certains ingrédients, car c'est une recette très flexible.

Pour 6 personnes

Ingrédients

100 ml (3 ½ oz liq.) d'huile d'olive extra-vierge
60 ml (¼ tasse) de jus de citron frais
Le zeste de 1 citron
2 gousses d'ail, émincées finement
45 ml (3 c. à soupe) de moutarde de Meaux ou à l'ancienne
Sel et poivre
500 g (1 lb) de pâtes
300 g (2 tasses) de tomates cerises
6 oignons verts, coupés en biseau
200 g (1 ⅓ tasse) de fromage féta

Mélanger au fouet l'huile d'olive, le jus et le zeste de citron, l'ail et la moutarde de Meaux. Saler et poivrer.

Dans une grande casserole d'eau bouillante salée, cuire les pâtes *al dente*. Les égoutter et les rincer à l'eau froide. Les mettre dans un grand saladier puis ajouter les tomates coupées en quatre, les oignons verts et le fromage féta.

Verser la vinaigrette sur les pâtes et bien mélanger, puis servir.

Pâtes au citron et à la ricotta

J'ai toujours des citrons sous la main et j'ai aussi toujours de la ricotta dans le réfrigérateur. Je trouve que c'est un ingrédient très polyvalent qui s'incorpore dans beaucoup de plats. Si vous aimez les pâtes, cette recette aura tout pour vous séduire.

Pour 4 à 6 personnes

Ingrédients

60 g (¼ tasse) de beurre

10 feuilles de sauge, hachées

3 gousses d'ail, hachées finement

180 ml (¾ tasse) de bouillon de légumes

375 ml (1 ½ tasse) de crème 35 %

30 ml (2 c. à soupe) de jus de citron frais

150 g (1 tasse) de petits pois verts, frais ou surgelés

260 g (1 tasse) de ricotta

500 g (1 lb) de pâtes

50 g (½ tasse) de parmesan râpé

15 g (¼ tasse) de basilic frais, haché finement

Sel et poivre du moulin

Dans une grande poêle, fondre le beurre et ajouter les feuilles de sauge en remuant constamment, jusqu'à ce que le beurre soit fondu et que la sauge commence à grésiller. Ajouter l'ail et faire revenir, environ 1 minute, ou jusqu'à ce que le beurre et l'ail commencent à dorer.

Verser graduellement, dans la poêle, le bouillon de légumes, la crème et le jus de citron, et cuire pendant environ 2 minutes, ou jusqu'à ce que le mélange commence à bouillir, en remuant de temps en temps. Ajouter les petits pois et reporter à ébullition environ 3 minutes, ou jusqu'à ce que le mélange épaississe légèrement. Incorporer la ricotta et poursuivre la cuisson en remuant. Retirer du feu.

Dans une grande casserole d'eau bouillante salée, cuire les pâtes selon les directives de l'emballage, ou jusqu'à l'obtention de la texture désirée. Égoutter.

Ajouter les pâtes à la sauce à la crème et bien remuer pour enrober. Parsemer de fromage parmesan et de basilic, puis mélanger de nouveau pour enrober.

Assaisonner de sel et de poivre, au goût. Servir immédiatement.

Raviolis de crevettes noircies aux épices, sauce au citron

C'est une recette italo-cajun qui est longue à préparer, mais qui en vaut vraiment la peine. Vous épaterez vos invités !

Pour 6 personnes

Pâtes aux œufs

230 g (1 ¾ tasse) de semoule de blé dur

1 œuf

6 jaunes d'œufs

15 ml (1 c. à soupe) de lait

22 ml (1 ½ c. à soupe) d'huile d'olive

Farce

60 ml (¼ tasse) d'huile d'olive

30 ml (2 c. à soupe) d'épices cajuns

500 g (1 lb) de crevettes crues, décortiquées

Le jus de 1 lime

130 g (½ tasse) de ricotta

Sauce au citron

1 jaune d'œuf

30 ml (2 c. à soupe) d'eau

60 g (¼ tasse) de beurre clarifié

60 ml (¼ tasse) de jus de citron frais

Sel et poivre

PÂTE AUX ŒUFS : Faire un puits avec la semoule. Mettre l'œuf et les jaunes d'œufs dans le centre et mélanger. Ajouter le lait et l'huile d'olive. (Lorsque la couleur jaune prononcé du mélange pâlit, c'est une bonne indication que le pétrissage est réussi. La pâte doit être souple, élastique, mais toujours humide.) Bien emballer la pâte dans une pellicule plastique et laisser reposer au froid pendant au moins 2 heures.

FARCE : Dans un saladier, mélanger l'huile d'olive et les épices cajuns. Ajouter les crevettes et bien mélanger pour les enrober. Chauffer une poêle en fonte à sec et y jeter les crevettes. Mouiller avec le jus de lime. Remuer à la cuillère en bois et laisser cuire jusqu'à ce que les crevettes deviennent roses. Mettre les crevettes et la sauce dans le robot culinaire avec la ricotta, et mélanger jusqu'à l'obtention d'un mélange homogène. Réserver.

FABRICATION DES RAVIOLIS : couper la pâte en quatre et la travailler, un morceau à la fois, à l'aide d'un laminoir. Fariner les morceaux de pâte au besoin avant de les mettre dans la machine. La pâte devrait avoir 1 à 2 mm (environ 1/16 po) d'épaisseur une fois travaillée. Utiliser une machine à raviolis pour les farcir ou, si vous n'en avez pas, fariner généreusement la pâte et la couper en carrés de 8 cm (3 po). Déposer 15 ml (1 c. à soupe) de farce au centre de chaque carré. Badigeonner le pourtour du carré de pâte avec de l'eau. Recouvrir d'un autre carré et presser les rebords. Répéter avec les restes de pâte et de farce.

SAUCE AU CITRON : Dans un bain-marie, émulsionner à l'aide d'un fouet le jaune d'œuf et l'eau. Incorporer le beurre clarifié en filet, puis ajouter le jus de citron et rectifier l'assaisonnement.

CUISSON DES RAVIOLIS : Cuire les raviolis dans de l'eau bouillante salée environ 2 minutes. Les retirer dès qu'ils remontent à la surface. Servir les raviolis sur un lit d'asperges et d'épinards à la vapeur, nappés de sauce émulsionnée au citron.

Risotto au citron

Il suffit de tester le risotto une seule fois pour s'apercevoir que c'est très facile à faire. Cela prend juste de la patience, mais le résultat est toujours fantastique. Les riz à risotto sont des riz à grains ronds riches en amidon qui donnent au fameux plat italien sa texture crémeuse.

Il existe plusieurs variétés aux caractéristiques distinctes : le riz Arborio offre des grains renflés et ovales, tandis que le Vialone Nano, à grains petits et ronds, possède moins de consistance, mais il est plus ferme sous la dent. Le riz Carnaroli, la variété la plus réputée, a été développé à partir de croisements entre le riz Vialone Nano et le riz japonais. Il est plus onéreux que ses concurrents, car il est produit en faibles quantités, mais il donne au risotto une délicieuse consistance crémeuse sans rien perdre de sa fermeté.

Pour 4 personnes

Ingrédients
Le zeste et le jus de 2 petits citrons
2 échalotes françaises, émincées finement
Huile d'olive
200 g (1 tasse) de riz Arborio
600 ml (un peu plus de 2 1/3 tasses) de bouillon de légumes chaud
45 g (3 c. à soupe) de beurre
50 g (½ tasse) de parmesan râpé
Sel et poivre

Prélever le zeste des citrons à la râpe-zesteur (Microplane), puis les presser pour récupérer le jus.

Dans une sauteuse, faire revenir les échalotes dans un filet d'huile d'olive. Ajouter le riz et bien mélanger pour l'enrober de matière grasse. Les grains doivent être nacrés. Mouiller avec le jus de citron et cuire à feu doux, à couvert, jusqu'à ce que le liquide soit absorbé.

Sans cesser de remuer à la cuillère de bois, ajouter alors le bouillon chaud, louche par louche, en attendant que la première soit bien absorbée avant d'en remettre.

Lorsque le riz est cuit, retirer la sauteuse du feu et ajouter le beurre en morceaux et le parmesan râpé. Mélanger et couvrir 5 minutes avant d'ajuster l'assaisonnement et de servir parsemé de zestes de citron.

Risotto citronné à l'aneth et aux fruits de mer

Il est très rare que je ne termine pas le risotto en le « punchant » avec du citron. Je trouve que cela rehausse les saveurs et apporte une touche de fraîcheur. Celui-ci est particulièrement goûteux; c'est l'un de mes préférés.

Pour 6 personnes

Ingrédients

30 ml (2 c. à soupe) d'huile d'olive

12 gros pétoncles (ou 24 petits)

12 grosses crevettes, décortiquées

Sel et poivre

4 échalotes françaises, émincées finement

2 gousses d'ail, écrasées

45 g (3 c. à soupe) de beurre

400 g (2 tasses) de riz Carnaroli

125 ml (½ tasse) de vin blanc

1,25 à 1,5 l (5 à 6 tasses) de bouillon de poulet bouillant

1 poivron rouge, coupé en petits dés

1 poivron vert, coupé en petits dés

2 tomates, coupées en petits dés

10 à 12 g (2 à 3 c. à soupe) de feuilles d'aneth
 ou de fenouil frais, hachées

10 g (2 c. à soupe) de persil plat haché

Le zeste de 1 citron, râpé finement

Le jus de 1 citron

Dans une grande poêle antiadhésive, faire chauffer l'huile à feu moyen. Ajouter les pétoncles et les crevettes, puis les griller 2 minutes de chaque côté. Procéder en deux opérations si nécessaire, car les fruits de mer ne doivent pas être trop collés les uns aux autres. Les saler et les poivrer au goût durant la cuisson. Les retirer de la poêle et les réserver sur une assiette.

Dans une grande casserole à fond épais, faire revenir les échalotes et l'ail dans le beurre à feu moyen, pendant 2 minutes ou jusqu'à ce qu'ils soient transparents. Ajouter le riz, puis cuire en remuant 3 minutes. Ajouter le vin blanc, puis laisser mijoter jusqu'à l'évaporation presque complète du liquide.

Verser une louche de bouillon fumant, puis cuire en remuant avec une spatule en bois jusqu'à ce que le liquide soit presque absorbé. Verser une autre louche de bouillon et répéter l'opération à quelques reprises, jusqu'à ce que le riz soit onctueux et tendre. (Le temps de cuisson est d'environ 20 minutes.) N'utiliser que le liquide nécessaire pour cuire le riz à point.

Retirer la casserole du feu et ajouter le reste des ingrédients, sauf le jus de citron, mais incluant les fruits de mer réservés. Bien mélanger. Couvrir et laisser reposer 2 minutes. Servir immédiatement dans les assiettes. Mouiller le dessus de chaque portion de jus de citron, au goût.

Pommes de terre rôties à l'ail et au citron

Ces pommes de terre sont un choix plus santé et plus parfumé que les frites pour accompagner une viande au barbecue.

Pour 4 personnes

Ingrédients
750 g (3 lb) de pommes de terre Fingerling (rattes) avec la peau
15 ml (1 c. à soupe) d'huile d'olive
6 gousses d'ail, finement hachées
Sel et poivre
Le zeste de 1 citron, râpé
10 g (2 c. à soupe) de persil italien haché

Préchauffer le four à 245 °C (475 °F). Chemiser une plaque de cuisson de papier aluminium et l'huiler légèrement. Réserver.

Laver et brosser les pommes de terre sous l'eau froide, sans les éplucher. Les égoutter puis les couper en quatre.

Chauffer l'huile d'olive dans une petite casserole, avec l'ail haché. Faire revenir pendant 2 minutes, jusqu'à ce que l'ail commence à blondir. Retirer l'ail de l'huile d'olive et réserver.

Mettre les pommes de terre dans un saladier et les arroser avec l'huile d'olive filtrée. Saler et poivrer. Bien mélanger.

Transférer les pommes de terre sur la plaque de cuisson préparée, en une seule couche. Enfourner pendant 30 à 35 minutes, ou jusqu'à ce que les pommes de terre soient bien dorées.

Pendant ce temps, mélanger l'ail réservé avec le zeste de citron râpé et le persil haché. Retirer les pommes de terre du four et saupoudrer avec le mélange. Remuer délicatement et servir sans attendre.

Gratin de pommes de terre aux olives et au citron

Ce fameux gratin est très différent des gratins crémeux ordinaires. Il est fait de pommes de terre rouges, de tomates, d'oignons et d'olives : un parfum de méditerranée à votre table. Choisissez un fromage qui a du goût et du caractère.

Pour 6 personnes

Ingrédients

1,5 kg (3 lb) de pommes de terre rouges non pelées, tranchées finement

30 ml (2 c. à soupe) d'huile d'olive

3 oignons, émincés

300 g (2 tasses) de tomates cerises, coupées en deux et épépinées

5 ml (1 c. à thé) d'herbes de Provence

4 gousses d'ail, hachées

250 ml (1 tasse) de bouillon de poulet

140 g (1 tasse) d'olives noires hachées grossièrement

Le zeste de 1 citron, râpé

Sel et poivre du moulin

100 g (1 tasse) de fromage cheddar vieilli 2 ans

30 g (2 c. à soupe) de beurre

Préchauffer le four à 190 °C (375 °F).

Mettre les pommes de terre dans une casserole remplie d'eau froide salée et porter à ébullition. Cuire jusqu'à ce que les pommes de terre soient tendres (environ 5 minutes). Bien égoutter et réserver.

Chauffer l'huile dans une poêle sur feu moyen. Y faire revenir les oignons 2 minutes pour les ramollir. Ajouter les tomates, les herbes de Provence et l'ail, et cuire 5 minutes de plus. Incorporer le bouillon de poulet, les olives et le zeste de citron, et porter à faible ébullition. Laisser mijoter 1 minute pour amalgamer les saveurs. Saler et poivrer au goût.

Huiler un plat à gratin de 23 cm (9 po) allant au four. Mettre le tiers des pommes de terre au fond du plat, saler et poivrer. Couvrir cette première couche de la moitié de la garniture. Étendre sur le dessus un autre tiers des pommes de terre, puis le reste de la garniture et finir par le dernier tiers des pommes de terre. Saupoudrer le dessus du fromage et parsemer de noix de beurre.

Enfourner pour 30 minutes ou jusqu'à ce que la garniture commence à bouillonner et que le fromage ait légèrement bruni.

Épis de maïs au paprika fumé et au citron

J'aurais pu écrire que cette recette était pour 6 personnes, car, personnellement, je suis capable de ne manger qu'un seul épi de maïs lors d'un repas, ce qui n'est pas le cas de mon conjoint qui est capable d'en manger une douzaine. C'est une recette qui varie du traditionnel maïs bouilli.

Pour 6 épis de maïs

Ingrédients
6 épis de maïs
125 g (½ tasse) de beurre ramolli
10 ml (2 c. à thé) de paprika fumé
Sel
20 g (2 c. à soupe) de zeste de citron râpé

Chauffer le gril du barbecue à température élevée.

Éplucher les épis de maïs et enlever les soies.

Dans un petit bol, mélanger le beurre ramolli, le paprika fumé, le sel et le zeste de citron râpé. Badigeonner les épis de maïs du beurre assaisonné et les envelopper individuellement dans une feuille de papier d'aluminium.

Les mettre sur le gril et fermer le couvercle. Faire griller les épis de 25 à 30 minutes, en les retournant toutes les 5 minutes, jusqu'à tendreté du maïs. Déballer délicatement et servir.

Petits pots, grandes bouteilles et cocktails

Lemon curd

La plupart des recettes que vous pourrez trouver ici et là sont faites bien souvent avec des jaunes d'œufs et de la fécule de maïs. Pour en avoir testé plusieurs, je préfère cette recette inspirée de Patrice Demers, et faite avec des œufs entiers. C'est un mélange de douceur, d'acidulé et de crémeux. Tous ceux qui y ont goûté ont succombé.

Pour environ 1 l (4 tasses)

Ingrédients
200 ml (7 oz liq.) de jus de citron
Le zeste de 2 citrons
200 g (1 tasse) de sucre
4 œufs
240 g (1 tasse) de beurre à température ambiante

Dans une casserole (ne pas utiliser d'aluminium, car la crème aurait un goût métallique), chauffer le jus de citron, le zeste et environ la moitié du sucre et porter à ébullition.

Dans un grand bol, blanchir les œufs et le reste du sucre. Tout en fouettant, ajouter graduellement le liquide bouillant sur les œufs. Il est important de bien remuer avec le fouet quand on verse le liquide chaud pour que les œufs puissent se réchauffer graduellement.

Remettre la préparation dans la casserole et déposer sur le feu. À partir de ce moment, il faut remuer continuellement avec le fouet, et ce, jusqu'à ce qu'un premier bouillon apparaisse. La température du feu n'est pas un élément déterminant. Habituellement, on fait cette recette à feu élevé en fouettant énergiquement. Le résultat sera le même à feu modéré, mais la cuisson sera plus longue.

Retirer du feu dès que ça commence à bouillir. Le moyen le plus simple pour incorporer le beurre est de transférer la crème au citron dans un contenant à rebord élevé, d'ajouter le beurre graduellement et de fouetter avec un mélangeur à main.

Quand tout le beurre est ajouté et que la crème est bien lisse, passer au chinois ou au tamis fin, couvrir d'une pellicule plastique que l'on place directement sur la crème et laisser prendre au réfrigérateur pendant au moins 8 heures.

Citrons confits à l'huile d'olive

Dites à la personne à qui vous offrirez ce cadeau que l'écorce de ces délicieux citrons salés peut être hachée finement et incorporée à des soupes au poulet ou à des ragoûts, des tajines, ou encore insérée sous la peau d'un poulet entier qui sera rôti. On peut aussi en ajouter à une sauce à la crème juste avant de servir. Il n'en faut que très peu pour ajouter beaucoup de saveur. Vous pouvez aussi utiliser des citrons Meyer pour obtenir un autre parfum.

Pour 2 bocaux de 500 ml (2 tasses)

Matériel

2 bocaux d'une contenance de 500 ml (2 tasses)
2 nouvelles capsules pour la conservation sous vide
2 couvercles à vis

Ingrédients

6 citrons
125 ml (½ tasse) de gros sel (de Guérande de préférence)
2 gros brins de romarin, coupés en morceaux
Huile d'olive

Stériliser les bocaux, les capsules et les couvercles dans une grande casserole d'eau bouillante pendant 10 minutes.

Pendant ce temps, bien laver et frotter les citrons.

Tenir un citron au-dessus d'un bol et le couper en quartiers en laissant intacte une partie de 1 cm (½ po) à l'une des extrémités, pour que les quartiers restent solidaires. Presser délicatement le citron au-dessus du bol et le mettre dans le bol. Répéter l'opération avec les autres citrons.

Au fond des bocaux, déposer 12 g (1 c. à soupe) de sel. Frotter environ 12 g (1 c. à soupe) de sel sur la chair et l'écorce de chaque citron. Insérer 3 citrons dans chaque bocal avec un peu de romarin. Répartir le jus entre les bocaux.

Verser sur les citrons la quantité nécessaire d'huile d'olive afin de les recouvrir. Essuyer le bord du goulot des bocaux.

Sceller les bocaux avec les capsules et les couvercles encore chauds. Secouer les bocaux et les garder au réfrigérateur. Au bout de quelques jours, les citrons devraient être recouverts de jus. Si ce n'est pas le cas, ajouter du jus de citron frais. Secouer les bocaux de temps à autre, sur une période d'environ 2 semaines, pour ramollir les citrons. Avant d'utiliser les citrons, les rincer et les débarrasser de leurs pépins.

Limoncello

Le limoncello est une liqueur de citron italienne. C'est une des spécialités de la région de Sorrente, dans la baie de Naples. Au-delà du plaisir que j'ai à en réaliser du « fait maison », il est très économique de faire son propre limoncello. À titre de comparaison, au Québec, les prix du limoncello en magasin varient entre 20 et 32 $ pour une bouteille de 750 ml, tandis que cette recette revient à 20 $ pour 1,5 l.

Pour 1,5 l (6 tasses)

Ingrédients
750 ml (3 tasses) de vodka
Le zeste de 8 citrons
500 ml (2 tasses) d'eau
200 g (1 tasse) de sucre

Verser la vodka dans un grand bocal, puis ajouter le zeste obtenu à l'aide d'un économe. (Il est très important de ne pas mettre la partie blanche des citrons, sinon le limoncello sera amer.) Bien fermer et laisser à température ambiante pendant 10 à 12 jours.

Faire bouillir l'eau et le sucre pendant environ 3 minutes, tout en remuant.

Passer la vodka à travers un tamis fin, en conservant le zeste dans le tamis. Verser le sirop de sucre dans un autre bol en le passant à travers le même tamis.

Quand le sirop est à température ambiante, le mélanger à la vodka citronnée. Garder au réfrigérateur ou au congélateur.

Attendre au moins une semaine avant de servir.

Crème de limoncello

Si vous avez aimé le limoncello (voir page 138), vous allez adorer cette crème de citron. Douce et onctueuse, la texture est crémeuse et ressemble à la crème irlandaise maison, mais, bien entendu, ça goûte le citron. C'est très rapide à faire et ça fait un bon et beau cadeau gourmand pour Noël.

Pour environ 2,5 l (10 tasses)

Ingrédients

L'écorce de 4 citrons, sans le blanc
500 ml (2 tasses) d'alcool à 45 % (gin ou vodka, par exemple)
1 l (4 tasses) de lait
250 ml (1 tasse) de crème 35 %
750 g (3 ¾ tasses) de sucre

Laisser macérer les écorces de citron dans l'alcool pendant 4 jours.

Au troisième jour de macération, faire chauffer le lait, la crème et le sucre, et laisser mijoter pendant 30 minutes. Couvrir la casserole d'un couvercle et laisser reposer toute une nuit.

Le lendemain, filtrer l'alcool infusé des écorces et verser dans la préparation de lait sucré. Bien mélanger et embouteiller.

Se conserve plusieurs mois au réfrigérateur. Agiter la bouteille avant de servir.

Limonade maison

C'est une recette de base de limonade. Maintenant, faites confiance à votre imagination pour la parfumer à votre goût, en y ajoutant par exemple des feuilles de menthe, de basilic ou du romarin. Vous pourriez aussi remplacer l'eau glacée par de l'eau pétillante glacée.

Pour 2 l (8 tasses)

Ingrédients
180 ml (¾ tasse) d'eau
150 g (¾ tasse) de sucre
125 ml (½ tasse) de jus de citron fraîchement pressé
1,5 l (6 tasses) d'eau glacée

Mettre l'eau dans une casserole et ajouter le sucre. Porter à ébullition et laisser bouillir 1 minute. Enlever du feu et laisser tiédir.

Mettre le jus de citron dans un pichet. Ajouter le sirop de sucre et mélanger.

Ajouter l'eau glacée et savourer !

Les trois recettes de cocktails ci-dessous peuvent être réalisées avec des boissons que vous aurez faites vous-même.
Pour 1 verre

Cocktail « tarte au citron »

Ingrédients

Jus de citron

Chapelure de biscuits Graham
  (ou des spéculoos pour obtenir la même texture)

Glaçons

15 ml (½ oz) de vodka parfumée au citron

30 ml (1 oz) de limoncello (voir page 138)

30 ml (1 oz) de crème de limoncello (voir page 139)

60 ml (2 oz) de crème fouettée

1 zeste de citron pour la décoration

Givrer le bord d'un verre avec du jus de citron et de la chapelure de biscuits Graham. Remplir le coquetelier de glaçons et ajouter tous les ingrédients. Secouer pour faire mousser et verser dans un verre. Décorer avec un ou quelques zestes de citron.

Bayou bleu

Ingrédients

Glaçons

30 ml (1 oz) de vodka

15 ml (½ oz) de curaçao bleu

120 à 150 ml (4 à 5 oz) de limonade (voir page 140)

1 rondelle de citron et 1 bleuet pour la décoration

Dans un verre à gin rempli de glaçons, verser la vodka, le curaçao bleu et la limonade. Décorer d'un « radeau » fait avec une rondelle de citron et un ou quelques bleuets.

Brise de mer

Ingrédients

Glaçons

45 ml (1 ½ oz) de limoncello (voir page 138)

120 à 150 ml (4 à 5 oz) de jus de canneberges et de framboises

1 framboise pour la décoration

Dans un grand verre rempli de glaçons, verser le limoncello et le jus de canneberges et de framboises. Décorer de framboises.

Biscuits et confiseries

Biscottis au citron

Cette recette donne beaucoup de biscuits, mais ils sont si petits qu'il faut en manger plusieurs ou en offrir autour de vous. (Ils feront de bons et beaux cadeaux d'hôte.) Ils se conservent très bien dans une boîte en fer-blanc.

Pour environ 100 biscottis

Ingrédients

420 g (2 ¾ tasses) de farine

7 g (1 ½ c. à thé) de levure chimique

1 ml (¼ c. à thé) de sel

120 g (½ tasse) de beurre fondu

200 g (1 tasse) de sucre

3 œufs

5 ml (1 c. à thé) d'extrait de vanille

20 g (2 c. à soupe) de zeste de citron râpé

Préchauffer le four à 160 °C (325 °F). Chemiser une grande plaque à pâtisserie de papier parchemin.

Mélanger la farine, la levure chimique et le sel dans un bol.

Dans un grand bol, battre au batteur électrique le beurre et le sucre, jusqu'à ce que le mélange soit homogène. Incorporer les œufs un à un, puis la vanille et le zeste de citron. À l'aide d'une cuillère en bois, incorporer petit à petit le mélange de farine jusqu'à la formation d'une pâte molle.

Partager la pâte en trois parts égales. Avec les mains légèrement farinées, former chaque morceau de pâte en un rouleau lisse de 30 cm (12 po) de long et 5 cm (2 po) de large. Répéter pour les autres tiers. Déposer les rouleaux de pâte sur la plaque à pâtisserie préparée en laissant au moins 10 cm (4 po) entre les morceaux de pâte. Cuire au four environ 30 minutes ou jusqu'à ce que la pâte soit ferme et commence tout juste à blondir.

Laisser refroidir environ 10 minutes sur une grille, jusqu'à ce que la pâte puisse être manipulée. Transférer la pâte sur une planche à découper. À l'aide d'un couteau-scie, trancher la pâte légèrement en biais, pour faire de très fines tranches. Celles-ci ne doivent pas être plus épaisses que 5 mm (¼ po). Déposer les tranches sur des plaques à pâtisserie non tapissées de papier parchemin (il faudra peut-être deux ou trois plaques).

Ramener la température du four à 150 °C (300 °F) ou à 140 °C (285 °F) si les plaques à pâtisserie sont de couleur foncée. Remettre la pâte au four, une plaque à la fois s'il y en a plusieurs. Cuire au four environ 15 minutes, en tournant la plaque au milieu de la cuisson. Les biscuits doivent être secs, mais non brunis. Laisser refroidir sur les plaques posées sur des grilles. Les biscottis se conservent jusqu'à 2 semaines dans une boîte en fer-blanc ou jusqu'à 3 mois au congélateur.

Palets bretons au citron

La Bretagne, région française très chère à mon cœur, a inventé ce qui est pour moi le meilleur biscuit au monde : le palet breton. C'est plein de beurre, pas très sucré, très sablé et un peu salé. J'ai revisité la recette traditionnelle en y ajoutant une éclatante saveur de citron. Je suis certaine que les Bretons apprécieront.

Pour 24 palets bretons

Ingrédients

420 g (2 ¾ tasses) de farine
15 g (1 c. à soupe) de levure chimique
5 g (1 c. à thé) de fleur de sel
300 g (1 ¼ tasse) de beurre mou
175 g (¾ tasse et 2 c. à soupe) de sucre
Le zeste fin de 2 citrons
5 jaunes d'œufs

Mélanger la farine, la levure chimique et la fleur de sel, et réserver.

Au batteur électrique, crémer le beurre et le sucre durant 3 minutes. Ajouter le zeste de citron et les jaunes d'œufs, un à un, tout en battant.

Réduire la vitesse du batteur et incorporer les ingrédients secs.

Sortir la pâte du bol et façonner des rouleaux de pâte d'un diamètre de 2 cm (¾ po) à l'aide de film alimentaire. Réfrigérer les rouleaux au moins 4 heures.

Préchauffer le four à 165 °C (330 °F).

Ôter le film alimentaire et couper les rouleaux en tranches de 1 cm (½ po). Déposer les tranches de pâte au fond de moules à muffins antiadhésifs et enfourner pour 20 minutes. Laisser reposer 5 minutes avant de démouler et de laisser refroidir sur une grille.

Madeleines au citron

Ce qui caractérise la madeleine, c'est sa bosse, et le secret pour obtenir des madeleines à bosse est tout simple, mais indispensable : c'est le choc thermique. Il faut bien réfrigérer la pâte puis enfourner dans un four chaud. Vous verrez, c'est magique. J'ai longtemps acheté mes madeleines toutes faites parce qu'au Québec, je ne trouvais pas de moule. Même si elles étaient industrielles, je les trouvais très bonnes, jusqu'à ce que je trouve enfin des moules et que je me mette à en faire. Celles-ci font partie de mes préférées.

Pour 24 madeleines

Ingrédients
4 œufs
200 g (1 tasse) de sucre
225 g (1 ½ tasse) de farine
5 g (1 c. à thé) de levure chimique
160 g (⅔ tasse) de beurre, fondu
Le zeste fin de 2 citrons

Fouetter les œufs avec le sucre au batteur électrique pendant 5 minutes ou jusqu'à ce que le mélange ait doublé de volume et soit bien mousseux.

Ajouter la farine et la levure qui auront été, au préalable, tamisées ensemble.

Ajouter le beurre fondu et le zeste des citrons, et bien mélanger. Réfrigérer la pâte 2 heures.

Préchauffer le four à 220 °C (425 °F). Graisser généreusement un moule à madeleines.

Répartir la pâte dans le moule, en ne remplissant les empreintes qu'aux deux tiers. Cuire de 10 à 12 minutes ou jusqu'à ce que les madeleines soient légèrement dorées sur le dessus et les bords, un peu plus foncés.

Langues de chat au citron

Quand j'ai quelques blancs d'œufs à passer, c'est presque une évidence pour moi de préparer des langues de chat; elles ont baigné les goûters de mon enfance. Je les aime vanillées et je les adore citronnées.

Pour environ 36 langues de chat

Ingrédients

120 g (½ tasse) de beurre à température ambiante
125 g (½ tasse et 2 c. à soupe) de sucre
Le zeste fin de 1 citron
3 blancs d'œufs moyens
150 g (1 tasse) de farine
1 pincée de sel

Préchauffer le four à 180 °C (350 °F). Chemiser une plaque à pâtisserie de papier parchemin.

Dans le bol du batteur sur socle, travailler le beurre en pommade avec le sucre et le zeste de citron jusqu'à homogénéité. Incorporer un à un les blancs d'œufs en mélangeant bien entre chaque addition, puis ajouter la farine tamisée avec le sel. La pâte doit être un peu ferme, mais souple.

Remplir de pâte une poche à pâtisserie munie d'un embout lisse. Former des bâtonnets sur la plaque préparée en laissant un espace de 5 cm (2 po) entre chaque bâtonnet de pâte.

Cuire entre 8 et 12 minutes. Les langues de chat sont cuites lorsque les bords sont d'une belle couleur brune et le milieu, encore blanc. Laisser reposer sur la plaque à pâtisserie avant de faire glisser les langues de chat sur une grille de refroidissement à l'aide d'une spatule plate. Les langues de chat se conservent 4 à 5 jours dans un contenant hermétique.

Biscuits à la limonade

Pour mes amis européens qui ne trouveraient pas de la limonade concentrée congelée, il faut que vous sachiez que vous pouvez la remplacer par du jus de citron concentré (style Pulco). Mais comme ce produit n'est pas sucré, il faudra donc réajuster la quantité de sucre.

Pour environ 72 biscuits

Ingrédients
240 g (1 tasse) de beurre, ramolli
200 g (1 tasse) de sucre
2 œufs
450 g (3 tasses) de farine
5 ml (1 c. à thé) de bicarbonate de sodium
80 ml (1/3 tasse) de limonade concentrée décongelée

Finition
100 ml (3 ½ oz liq.) de limonade concentrée décongelée
Sucre glace pour saupoudrer

Préchauffer le four à 200 °C (400 °F).

Dans le bol du batteur sur socle, crémer le beurre avec le sucre jusqu'à consistance légère et mousseuse. Ajouter les œufs, un à un, en battant bien entre chaque addition. Ajouter la farine et le bicarbonate de sodium en alternant avec la limonade et bien mélanger.

À l'aide d'une cuillère à thé, laisser tomber des cuillerées de pâte sur les plaques à pâtisserie non graissées. Cuire pendant 8 minutes.

Déposer les biscuits sur des grilles de refroidissement. Badigeonner les biscuits avec le reste de limonade concentrée, puis saupoudrer de sucre glace.

Biscuits sandwich au citron

Vous n'êtes pas obligés de prendre une estampe pour réaliser ces biscuits sandwich, mais cela les rend tout de même très présentables et encore plus appétissants. Je vous conseille de les réserver au réfrigérateur pour que la garniture ne coule pas.

Pour environ 24 biscuits sandwich

Ingrédients
1 recette de lemon curd (voir page 134)

Biscuits
1 citron
160 g (2/3 tasse) de beurre à température ambiante
300 g (1 ½ tasse) de sucre
2 œufs
350 g (2 ⅓ tasses) de farine

Laver et brosser le citron puis râper le zeste.

Dans le bol du batteur sur socle, muni du fouet, crémer le beurre avec le sucre, jusqu'à ce que le mélange soit blanc et homogène. Incorporer les œufs et le zeste de citron.

Changer le fouet pour la palette et ajouter la farine. Mélanger jusqu'à ce que la pâte forme une boule. Envelopper la boule de pâte dans du film alimentaire et laisser reposer la pâte 30 minutes au réfrigérateur.

Préchauffer le four à 180 °C (350 °F). Chemiser deux plaques à biscuits de papier parchemin.

Abaisser la pâte sur un plan de travail fariné, sur une épaisseur de 5 mm (¼ po). Appliquer le tampon estampe sur la pâte, en laissant un espace de 1 cm (½ po) entre chaque estampe. À l'aide d'un emporte-pièce, de diamètre légèrement supérieur au tampon estampe, découper les biscuits et les déposer sur les plaques à biscuits préparées. Mettre les plaques à biscuits au congélateur 10 minutes (ceci permet d'éviter que les biscuits s'étendent à la cuisson).

Enfourner les biscuits et cuire 10 minutes. Sortir les biscuits du four et les laisser refroidir complètement sur une grille.

Déposer 15 ml (1 c. à soupe) de lemon curd sur un biscuit puis recouvrir d'un second biscuit en pressant légèrement. Répéter l'opération avec les autres biscuits.

Biscuits au gingembre et au citron

J'ai toujours trouvé une belle harmonie entre le citron et le gingembre, et ces biscuits ne viennent pas me contredire. Vous pourrez utiliser ces biscuits pour la confection d'une croûte pour un gâteau au fromage (au citron par exemple).

Pour environ 40 biscuits

Ingrédients
150 g (1 tasse) de farine
5 ml (1 c. à thé) de gingembre moulu
1 ml (¼ c. à thé) de muscade moulue
1 ml (¼ c. à thé) de cannelle moulue
1 ml (¼ c. à thé) de clou de girofle moulu
120 g (½ tasse) de beurre à température ambiante
50 g (¼ tasse) de cassonade
50 g (¼ tasse) de sucre
1 jaune d'œuf
10 ml (2 c. à thé) de jus de citron
10 ml (2 c. à thé) de zeste fin de citron

Tamiser ensemble la farine, le gingembre, la muscade, la cannelle et le clou de girofle. Réserver.

Dans le bol du batteur sur socle, crémer le beurre avec la cassonade et le sucre jusqu'à ce que la préparation blanchisse et qu'elle soit très légère. Ajouter le jaune d'œuf, le jus et le zeste de citron, et bien mélanger. Incorporer le mélange de farine et former une boule de pâte.

Mettre la pâte entre deux feuilles de papier parchemin et l'abaisser finement. Réserver au réfrigérateur 15 minutes ou jusqu'à ce qu'elle soit ferme.

Préchauffer le four à 180 °C (350 °F).

Utiliser un emporte-pièce pour découper la pâte refroidie en disques de 5 cm (2 po). Faire de même avec les retailles de pâte. Cuire les biscuits de 6 à 8 minutes sur des plaques à biscuits non graissées, ou jusqu'à ce que les biscuits soient dorés. Les laisser refroidir sur des grilles.

Biscuits moelleux au citron et aux bleuets

Ce sont des biscuits particulièrement moelleux, grâce à l'ajout du babeurre. Le mariage des bleuets et du citron est à tomber. Les bleuets aiment les agrumes, et en particulier le citron. Il est préférable d'utiliser des bleuets frais pour éviter que la pâte ne soit détrempée par du jus de bleuets congelés.

Pour 24 biscuits

Ingrédients

120 g (½ tasse) de beurre
Le zeste fin de 2 citrons
130 g (⅔ tasse) de sucre
65 g (⅓ tasse) de cassonade
2 ml (½ c. à thé) d'extrait de vanille
1 œuf

300 g (2 tasses) de farine
10 g (2 c. à thé) de levure chimique
1 ml (¼ c. à thé) de bicarbonate de sodium
2 ml (½ c. à thé) de sel
60 ml (¼ tasse) de babeurre
150 g (1 tasse) de bleuets frais

Dans un saladier, mélanger au batteur électrique le beurre, le zeste des citrons, le sucre et la cassonade jusqu'à ce que le mélange soit lisse et crémeux. Ajouter l'extrait de vanille et l'œuf, et bien battre.

Ajouter la farine, la levure chimique, le bicarbonate et le sel, préalablement tamisés ensemble, en alternant avec le babeurre, et bien mélanger (la pâte sera assez épaisse). Incorporer délicatement les bleuets en faisant attention de ne pas les écraser. Réfrigérer la pâte 2 heures.

Préchauffer le four à 190 °C (375 °F).

Façonner des boulettes de la grosseur d'une balle de golf, et les déposer sur des plaques à biscuits chemisées de papier parchemin. Cuire dans le haut du four, 12 à 15 minutes. Laisser reposer 5 minutes sur la plaque à biscuits avant de les déposer sur une grille jusqu'au complet refroidissement.

Biscuits craquelés au citron et à la noix de coco

Chaque fois que je suis tombée sur une image de ces biscuits, et que j'allais voir la recette, j'étais extrêmement déçue de découvrir qu'ils se faisaient avec des produits déjà cuisinés : préparation pour gâteau au citron, Cool Whip, etc. Je ne suis pas snob en cuisine, mais j'ai eu l'impression d'être face à de la publicité mensongère : beaux de l'extérieur, mais pas vraiment faits maison. Je n'ai rien contre les préparations pour gâteaux; elles peuvent dépanner, et les gâteaux sont souvent très bons, mais c'était comme un défi pour moi de faire entièrement ces biscuits. Avec quelques principes de base pour confectionner des craquelés, j'ai mis au point cette recette, et le résultat est vraiment fantastique ! Je voulais qu'ils soient fondants et, avec le beurre que j'ai mis, ils le sont ! Je voulais qu'ils goûtent beaucoup le citron, et c'est le cas aussi. Bons, beaux et faits maison !

Pour environ 24 biscuits

Ingrédients

180 g (¾ tasse) de beurre à température ambiante
200 g (1 tasse) de sucre
2 œufs
Le zeste fin de 2 citrons
Le jus de 2 citrons

5 ml (1 c. à thé) d'extrait pur de citron
375 g (2 ½ tasses) de farine
90 g (1 tasse) de noix de coco
Colorant alimentaire jaune
Sucre glace

Dans le bol du batteur sur socle, crémer le beurre avec le sucre jusqu'à l'obtention d'une texture légère et mousseuse. Ajouter les œufs, un à un, en mélangeant entre chaque addition. Incorporer le zeste, le jus et l'extrait de citron, puis ajouter la farine, la noix de coco et le colorant alimentaire. Bien mélanger jusqu'à homogénéité. Couvrir le bol de film alimentaire et réfrigérer au minimum 4 heures.

Préchauffer le four à 160 °C (325 °F). Tapisser deux plaques à biscuits de papier parchemin et réserver.

Préparer un bol en le remplissant de sucre glace. À l'aide d'une cuillère à soupe, prélever un peu de pâte et façonner une boulette de la grosseur d'une balle de golf, puis la rouler, pour bien l'enrober, dans le sucre glace. Renouveler l'opération avec le reste de la pâte. Réfrigérer la pâte entre chaque tournée de biscuits.

Déposer les boules de pâte, sans les aplatir, sur les plaques à biscuits préparées et enfourner pour 17 minutes. (Même si les biscuits vous paraissent mous en sortant du four, laissez-les refroidir sur une grille; ils durciront en refroidissant.) Conserver les biscuits dans une boîte en fer-blanc.

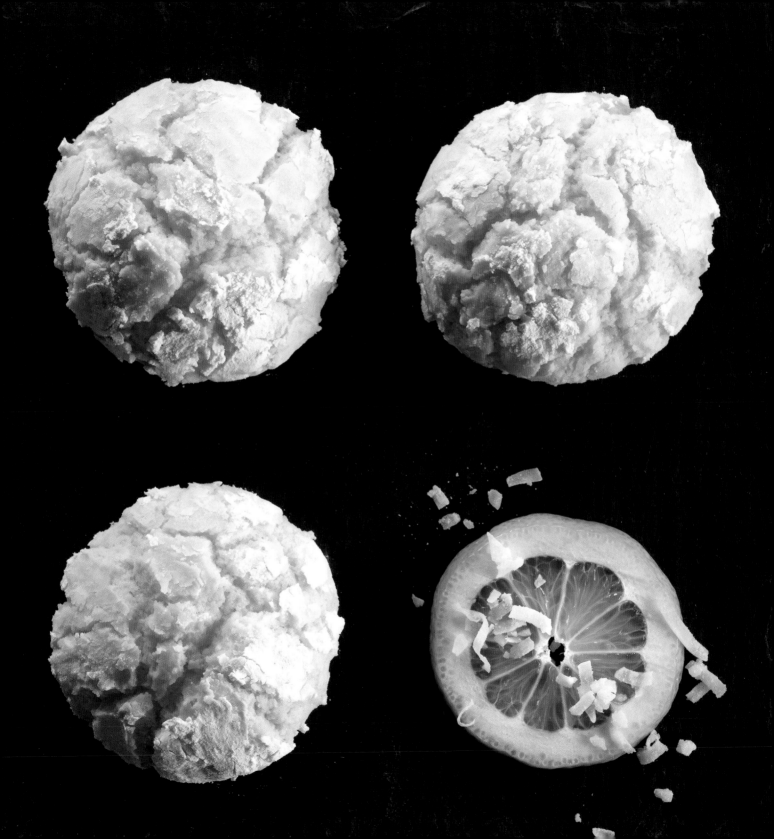

Écorces de citrons confites

Habituellement, je faisais toujours des écorces d'oranges confites pour offrir à Noël dans mes cadeaux gourmands, jusqu'à ce que je goûte celles au citron. Je les adore. C'est un beau cadeau à offrir. Ça prend un peu de temps à réaliser, mais ça ne coûte vraiment pas cher à faire.

Pour environ 48 écorces

Ingrédients
5 citrons bio
125 ml (½ tasse) d'eau
750 g (3 ¾ tasses) de sucre
Sucre supplémentaire pour l'enrobage

Lavez et brossez les citrons. Les couper en quatre et décoller délicatement l'écorce de la chair. Émincer les écorces de citrons en lanière de 1 cm (½ po) de large et les déposer dans une grande casserole. Recouvrir d'eau froide et porter à ébullition pendant 5 minutes.

Égoutter les écorces et renouveler l'opération du blanchiment deux autres fois. Cette opération permet d'enlever l'amertume des écorces.

Dans une casserole, porter à ébullition l'eau et le sucre, et laisser bouillir pendant 5 minutes. Ajouter les écorces et laisser confire à feu doux pendant 15 minutes.

Égoutter les écorces (conserver le sirop pour d'autres utilisations) et les laisser sécher sur une grille pendant 1 heure avant de les déposer dans un grand contenant ou un sac en plastique avec du sucre blanc. Secouer vivement afin que les écorces soient bien enrobées.

Variantes
Vous pouvez laisser sécher les écorces 24 heures sur une grille. Puis quand elles sont bien sèches, enrobez-les de chocolat noir ou de chocolat blanc que vous aurez fait fondre au bain-marie. Les écorces se conservent environ 1 mois au réfrigérateur.

Pâte de fruits au citron

Pendant des années, mes grands-parents, d'origine modeste, ont offert à chacun de leurs petits-enfants 1 kg de pâtes de fruits ou des boules de chocolat à la crème pour Noël. On ne savait jamais sur quelle boîte nous allions tomber, car elles avaient le même format, avaient le même papier et n'étaient pas annotées. Je vous assure que j'étais bien contente de tomber sur les pâtes de fruits ! Malgré cela, je ne suis pas dégoûtée des pâtes de fruits, bien au contraire. Cette recette a été mise au point par ma copine Katia, spécialiste des champignons et amoureuse des chats (katiaaupaysdesmerveilles.blogspot.ca). Pour éviter qu'il y ait un arrière-goût amer, puisqu'on utilise des citrons entiers, j'ai blanchi les écorces pour pallier le problème.

Pour 60 bouchées

Ingrédients

2 citrons, de préférence bio, bien lavés et brossés
30 ml (2 c. soupe) de jus de citron (facultatif)
300 g (1 ½ tasse) de sucre
30 ml (2 c. soupe) d'eau

7 g (½ c. soupe) de beurre
1 sachet de 85 ml (1/3 tasse) de pectine liquide
Sucre additionnel pour l'enrobage

Peler les citrons et mettre les écorces dans une casserole. Recouvrir d'eau froide et porter à ébullition pendant 5 minutes. Égoutter les écorces et renouveler l'opération du blanchiment deux autres fois.

Couper la chair des citrons en huit quartiers puis retirer les pépins. Mettre la chair des citrons et les écorces blanchies dans le robot culinaire puis pulser jusqu'à l'obtention d'une purée lisse. Ajouter du jus de citron au besoin si les citrons ne sont pas assez juteux.

Mesurer 250 ml (1 tasse) de purée et la mettre dans une casserole avec le sucre et l'eau. Porter à vive ébullition pendant 4 minutes.

Ajouter le beurre, bien mélanger, puis laisser encore bouillir à vive ébullition jusqu'à ce que la température atteigne environ 106 °C (223 °F) au thermomètre à bonbons. Cela prend environ 5 à 6 minutes de cuisson supplémentaire, et le mélange devient plus épais.

Retirer du feu. Ajouter la pectine liquide et bien mélanger. Verser le tout dans un moule carré de 20 cm (8 po) chemisé de papier parchemin. Laisser tiédir à température ambiante. Démouler et couper en morceaux, puis enrober de sucre. Ces pâtes de fruits au citron se conservent dans une boîte hermétique. Il ne faut ni les réfrigérer ni les congeler.

Truffes au chocolat blanc au citron

Ces truffes citronnées sont un jeu d'enfant à faire et elles ont une merveilleuse texture veloutée. Emballées dans de jolies boîtes, elles seront le cadeau d'hôte parfait.

Pour 24 truffes

Ingrédients
180 g (1 tasse) de chocolat blanc, haché grossièrement
70 g (5 c. à soupe) de beurre non salé
45 ml (3 c. soupe) de crème 35 %
Le zeste fin de 1 citron
1 pincée de sel
5 ml (1 c. à thé) d'extrait de citron
Sucre glace pour l'enrobage

Faire fondre le chocolat, le beurre et la crème au bain-marie et ajouter le zeste de citron. Remuer jusqu'à consistance lisse. Incorporer le sel et l'extrait de citron.

Laisser refroidir légèrement avant de les recouvrir d'une pellicule plastique. Réfrigérer au minimum 2 heures ou jusqu'à ce que la préparation soit suffisamment ferme pour être manipulée.

À l'aide d'une cuillère parisienne ou d'une petite cuillère, façonner des boules de 2,5 cm (1 po) de diamètre. Mettre le sucre glace dans un bol, puis rouler les boules de chocolat dedans, pour bien les enrober. Les truffes se conservent dans un contenant hermétique jusqu'à 1 semaine.

Douceurs citronnées

Crêpes au citron

Il aurait été impossible pour moi d'écrire un livre de recettes consacré au citron et de ne pas vous proposer une recette de crêpes. Je peux en manger des quantités gargantuesques tant j'aime ça.

Pour 12 crêpes

Crêpes
300 g (2 tasses) de farine
1 pincée de sel
Le zeste fin de 1 citron
3 œufs
45 g (3 c. à soupe) de beurre, fondu
250 ml (1 tasse) de bière blonde
250 ml (1 tasse) de lait

Crème au citron
2 citrons non traités
65 g (1/3 tasse) de sucre
75 g (1/3 tasse) de beurre
45 ml (3 c. à soupe) de limoncello (voir page 138)

CRÊPES : Mélanger la farine, le sel et le zeste de citron. Ajouter les œufs et 15 g (1 c. à soupe) de beurre fondu. Délayer progressivement avec la bière et le lait. Laisser reposer 1 heure au frais.

Graisser légèrement une poêle avec un peu de beurre restant et faire les crêpes jusqu'à ce qu'il n'y ait plus de pâte. Il devrait y avoir une douzaine de crêpes. Réserver.

CRÈME AU CITRON : Prélever le zeste de 1 citron en fins rubans, les mettre dans une casserole, couvrir d'eau, porter à ébullition, puis égoutter les zestes. Verser le sucre dans une grande poêle, presser les citrons et verser le jus en le filtrant. Ajouter le beurre, le laisser fondre, puis ajouter le limoncello et les zestes, et mélanger.

Pour servir, passer les crêpes dans la sauce, les plier et les présenter chaudes.

Crème brûlée au citron, pêches pochées à la vanille

Même si nous savons que la crème brûlée est riche, elle reste néanmoins l'un des desserts préférés de beaucoup de monde. Celle-ci est veloutée avec juste ce qu'il faut de citron pour créer une belle harmonie avec les pêches.

Pour 6 personnes

Ingrédients
200 g (1 tasse) de sucre pour la finition

Crème brûlée
Le zeste fin de 1 citron
500 ml (2 tasses) de crème 35 %
6 jaunes d'œufs
65 g (1/3 tasse) de sucre
15 ml (1 c. à soupe) de jus de citron

Pêches pochées à la vanille
3 pêches bien mûres
1 gousse de vanille, fendue et grattée
500 ml (2 tasses) d'eau
125 ml (1/2 tasse) de vin blanc sec (riesling)
1 morceau de gingembre d'environ 5 cm (2 po) de long, pelé
200 g (1 tasse) de sucre

PÊCHES POCHÉES : Porter à ébullition une petite casserole remplie d'eau. Ébouillanter les pêches 30 secondes pour décoller la peau. Submerger les pêches dans de l'eau glacée pour freiner la cuisson. Les peler, les couper en deux et les dénoyauter. Réserver.

Mettre la gousse et les graines dans une casserole avec l'eau et le vin blanc. Ajouter le gingembre et le sucre. Porter à petite ébullition. Ajouter les pêches et laisser mijoter 2 minutes ou jusqu'à tendreté. Retirer du feu et laisser reposer toute la nuit dans le sirop.

CRÈME BRÛLÉE : Mettre le zeste de citron et la crème dans une petite casserole. Porter lentement à petite ébullition. Retirer du feu et laisser infuser 5 minutes. Dans un bol, mettre les jaunes d'œufs, le sucre et le jus de citron, et fouetter pour bien mélanger. Verser la crème chaude lentement sur les jaunes d'œufs sans arrêter de fouetter. Filtrer la crème au chinois et la répartir entre six ramequins.

Placer les ramequins dans une rôtissoire et y verser suffisamment d'eau bouillante pour qu'elle monte à mi-hauteur des ramequins. Enfourner à 150 °C (300 °F) de 25 à 35 minutes ou jusqu'à ce que la crème soit prise, mais qu'elle remue encore au milieu. Sortir du four et laisser refroidir. Réfrigérer jusqu'au moment de servir.

Saupoudrer une couche uniforme de sucre sur le dessus de chaque ramequin et caraméliser au chalumeau ou mettre sous le gril du four et surveiller de près pendant que le sucre caramélise. Retirer les ramequins du four dès que le sucre prend une teinte dorée. Laisser refroidir.

Juste avant de servir, déposer une moitié de pêche sur le dessus de chaque crème brûlée, ou bien servir les pêches à côté.

Poires pochées au sirop de citron et romarin

C'est le dessert parfait quand vous avez envie de quelque chose de léger, mais sucré.

Pour 2 personnes

Ingrédients
375 ml (1 ½ tasse) d'eau
100 g (½ tasse) de sucre
3 brins de romarin d'environ 8 cm (3 po) chacun
3 larges bandes d'écorce de citron
15 ml (1 c. à soupe) de jus de citron
½ gousse de vanille
2 poires mûres, mais encore fermes
Crème fraîche ou crème fouettée pour servir

Dans une casserole moyenne, mettre l'eau, le sucre, les brins de romarin, l'écorce et le jus de citron. Trancher la gousse de vanille dans le sens de la longueur et en racler les graines, puis les mettre dans la casserole avec la gousse. Porter à ébullition en remuant de temps en temps, jusqu'à ce que le sucre se soit dissout.

Pendant ce temps, peler les poires en les laissant entières, tige comprise. Utiliser une cuillère parisienne ou une petite cuillère pour enlever le cœur à partir de la base.

Déposer les poires dans la casserole. Ramener au point d'ébullition, puis baisser le feu et laisser mijoter, en prenant soin de tourner les poires de temps en temps, jusqu'à ce qu'elles soient tendres lorsque piquées à la fourchette (de 8 à 10 minutes). Sortir les poires de la casserole avec une cuillère à égoutter.

Faire bouillir le sirop à découvert de 7 à 9 minutes, jusqu'à ce qu'il soit réduit et qu'il ait épaissi (il continuera à épaissir en refroidissant). Laisser refroidir. Si le sirop n'est pas assez épais, poursuivre la cuisson encore 1 minute.

Déposer chaque poire sur une assiette. L'arroser d'une cuillerée de sirop et servir avec de la crème fouettée, si désiré.

Mousse au citron et mascarpone

Vous pouvez déguster cette mousse telle quelle, car elle se suffit à elle-même, ou vous en servir pour monter des verrines en intercalant des fruits ou une autre mousse de fruits.

Pour 8 personnes

Ingrédients
3 citrons
1 lime
6 œufs
200 g (1 tasse) de sucre
1 grand contenant de 475 g de mascarpone
Feuilles de menthe ou framboises fraîches pour la décoration

Presser les citrons et râper le zeste de la lime.

Casser les œufs en séparant les blancs des jaunes. Dans le bol du batteur sur socle, muni du fouet, battre les jaunes et le sucre jusqu'à ce que le mélange blanchisse. Ajouter alors le mascarpone puis le zeste de lime et le jus de citron. Mélanger vigoureusement.

Battre les blancs en neige très ferme, puis les incorporer délicatement à la préparation au mascarpone. Répartir la mousse dans des petits bols ou ramequins et les réserver au réfrigérateur pendant au moins 3 heures, jusqu'au moment de servir. Décorer avec des feuilles de menthe ou une framboise fraîche.

Crème au citron

C'est une crème toute douce, onctueuse, acidulée et très légère (au point de vue de la texture parce qu'au point de vue des calories, ce n'est pas vraiment le cas). Mais quand on aime, on ne compte pas ! On en mangerait sans fin (ou sans faim). Vous pouvez servir cette crème avec un coulis de fraises ou de framboises.

Pour 8 à 10 personnes

Ingrédients
2 g (1 c. à thé) de gélatine en poudre, ou 1 ¼ feuille
15 ml (1 c. à soupe) d'eau

Jus de citron sucré
200 ml (7 oz liq.) de jus de citron
  (environ 4 citrons)
Le zeste fin de 3 citrons
135 g (²/₃ tasse) de sucre

Base de crème
6 œufs
135 g (²/₃ tasse) de sucre
160 g (²/₃ tasse) de beurre froid

Faire gonfler la gélatine dans l'eau. Réserver.

JUS DE CITRON SUCRÉ : Dans une casserole, faire chauffer, à feu moyen, le jus de citron avec les zestes et le sucre, sans jamais faire bouillir.

CRÈME AU CITRON : Dans un saladier, fouetter les œufs entiers avec le sucre, jusqu'à ce que le mélange blanchisse. Ajouter le jus de citron sucré encore chaud. Mélanger, puis verser dans une casserole.

Porter la crème à ébullition pendant 2 à 3 minutes sans jamais cesser de remuer à l'aide d'un fouet. Quand la crème est assez épaisse, incorporer hors du feu la gélatine qui aura été préalablement fondue 20 secondes au four micro-ondes, puis le beurre froid coupé en morceaux.

Fouetter énergiquement, puis mélanger à l'aide d'un mélangeur à main, afin d'obtenir une texture encore plus fine et particulièrement onctueuse. Verser la crème dans des petits ramequins, couvrir de film alimentaire et réfrigérer au moins 1 heure.

Eton mess au citron

L'Eton mess est un dessert traditionnel anglais composé d'un mélange de fraises, de morceaux de meringue et de crème. Il est traditionnellement servi lors du match de cricket des étudiants d'Eton College contre les étudiants de Harrow School. Un Eton mess peut être fait avec de nombreux autres fruits d'été, mais avec les fraises, il est considéré comme plus traditionnel. J'ai revisité ce classique en version citronnée et, personnellement, je ne saurais dire quelle version je préfère.

Pour 4 personnes

Ingrédients
150 g (¾ tasse) de lemon curd (voir page 134)
30 ml (2 c. à soupe) de limoncello (voir page 138)
250 ml (1 tasse) de crème 35 %
1 grosse meringue ou 3 petites du commerce
Zestes de citron pour servir

Mettre le lemon curd dans un bol et mélanger avec le limoncello.

Battre la crème jusqu'à ce qu'elle devienne de la crème fouettée. Ajouter la moitié du lemon curd à la crème fouettée et l'incorporer avec une spatule en caoutchouc, puis ajouter l'autre moitié restante. Le mélange ne doit pas être homogène : l'effet recherché est une crème fouettée entrelacée de citron.

Émietter la meringue à la main dans la préparation et mélanger délicatement.

Répartir à l'aide d'une cuillère dans quatre verrines et décorer de quelques zestes de citron.

Riz au lait au citron et au chocolat blanc

Le riz au lait est pour moi, depuis longtemps, mon dessert « doudou ». Dès que les premiers froids arrivent, je fais non seulement une grande marmite de soupe de légumes, mais aussi du riz au lait. J'ai associé le citron et le chocolat blanc parce que c'est l'une de mes associations préférées. Le chocolat vient adoucir l'acidité du citron. Vous obtiendrez ainsi un riz au lait ni trop sucré, ni trop acidulé.

Pour 6 personnes

Ingrédients

190 g (1 tasse) de riz Arborio
1 l (4 tasses) de lait 3,25 %
Le zeste fin de 2 citrons
2 jaunes d'œufs
65 g (⅓ tasse) de sucre
125 ml (½ tasse) de crème 35 %
120 g (¾ tasse) de chocolat blanc haché ou en pastilles

Mettre le riz dans une casserole et le recouvrir d'eau. Porter à ébullition pendant 3 à 4 minutes, puis enlever la casserole du feu. Vider le riz dans une passoire et le rincer sous l'eau froide. Réserver.

Chauffer le lait avec le zeste des citrons et porter à ébullition. Ajouter le riz et mélanger avec une cuillère en bois jusqu'à la reprise de l'ébullition, puis baisser le feu. Cuire 30 à 40 minutes en remuant régulièrement.

Dans un bol, mélanger les jaunes d'œufs, le sucre et la crème. Incorporer la préparation au riz au lait et poursuivre la cuisson pendant encore 2 minutes.

Hors du feu, incorporer le chocolat blanc et mélanger jusqu'à ce qu'il soit fondu.

Verser le riz au lait dans des coupes, couvrir et réfrigérer au moins 2 heures.

Pouding au citron

C'est une recette que j'avais découverte sur une petite fiche, écrite à la main par ma défunte belle-maman, Monique. Elle la faisait il y a plus de 30 ans, et j'espère que dans 30 ans, beaucoup de personnes continueront à la faire, car c'est vraiment excellent. C'est un petit pouding magique qui, à la cuisson, donne deux textures : la couche du fond est onctueuse et crémeuse et la partie du dessus est plus sèche et mousseuse.

Pour 8 personnes

Ingrédients
Le zeste et le jus de 2 citrons
135 g (2/3 tasse) de sucre
40 g (¼ tasse) de farine
1 pincée de sel
4 œufs, blancs et jaunes séparés
500 ml (2 tasses) de lait

Préchauffer le four à 180 °C (350 °F). Beurrer huit ramequins d'une capacité de 250 ml (1 tasse) chacun.

Dans un saladier, mélanger le zeste et le jus de citron, le sucre, la farine, le sel, les jaunes d'œufs et le lait, en fouettant bien entre chaque addition.

Dans un autre bol, monter les blancs d'œufs en neige pour obtenir des pics fermes et humides. Ajouter au premier mélange en pliant.

Verser la préparation dans les ramequins, et les déposer dans un plat allant au four. Ajouter de l'eau très chaude dans le plat, jusqu'aux trois quarts de la hauteur des moules. Enfourner pour 30 minutes jusqu'à ce que les poudings soient pris, et que le dessus soit doré. Servir tiède.

Croustade au citron

Si vous aimez la tarte au citron et les croustades, voici la recette qui vous évitera d'avoir à choisir entre ces deux desserts. L'ajout du yogourt est fait pour adoucir la préparation.

Pour 6 personnes

Ingrédients
3 citrons
4 œufs
100 g (½ tasse) de sucre
60 g (¼ tasse) de beurre
260 g (1 tasse) de yogourt grec
15 g (2 c. à soupe) de fécule de maïs
100 g (⅔ tasse) de farine
60 g (¼ tasse) de beurre
50 g (¼ tasse) de sucre

Prélever les zestes de 2 citrons et presser le jus des 3 citrons. Mettre les zestes et le jus dans une casserole avec les œufs, le sucre et le beurre, et faire épaissir sur feu doux, sans cesser de remuer.

Mélanger le yogourt et la fécule de maïs, puis incorporer le tout à la crème de citron.

Verser la préparation dans 6 ramequins ou dans un moule carré de 20 cm (8 po). Réserver.

Préchauffer le four à 160 °C (325 °F).

Préparer le croustillant en mélangeant du bout des doigts la farine, le beurre et le sucre jusqu'à ce que le mélange ait la consistance d'une chapelure. Répartir la préparation dans les ramequins puis enfourner pour 35 minutes. Déguster tiède.

Pouding au citron et lait de coco façon pouding chômeur

Ce dessert est né parce que le pouding chômeur est l'un de mes desserts préférés et que j'adore le citron. Alors, pourquoi ne pas essayer de combiner les deux pour se faire plaisir ?

Pour 6 personnes

Gâteau
225 g (1 ½ tasse) de farine
5 g (1 c. à thé) de levure chimique
60 g (¼ tasse) de beurre
200 g (1 tasse) de sucre
1 œuf
Le zeste de 1 citron
250 ml (1 tasse) de lait de coco

Sauce au citron
250 ml (1 tasse) de jus de citron
200 g (1 tasse) de cassonade
250 ml (1 tasse) d'eau bouillante
60 g (¼ tasse) de beurre

Préchauffer le four à 160 °C (325 °F).

Tamiser ensemble la farine et la levure chimique. Réserver.

Dans un bol, défaire le beurre en crème. Incorporer graduellement le sucre jusqu'à consistance onctueuse. Ajouter l'œuf et le zeste de citron et bien battre. Verser le lait de coco en alternant avec la farine et bien mélanger. Beurrer un moule carré de 20 cm (8 po). Y verser la pâte. Réserver.

SAUCE AU CITRON : Dans une casserole, mélanger tous les ingrédients de la sauce. Porter à ébullition et laisser bouillir quelques instants.

Verser la sauce sur la pâte. Enfourner pour 45 minutes. Servir tiède avec de la crème glacée à la vanille.

Bûche au citron meringuée

C'est la bûche de Noël idéale à déguster après un gros repas, car elle est toute en légèreté.

Pour 6 à 8 personnes

Gâteau roulé

150 g (1 tasse) de farine
10 ml (2 c. à thé) de levure chimique
2 ml (½ c. à thé) de sel
3 œufs
200 g (1 tasse) de sucre
60 ml (¼ tasse) d'eau froide
5 ml (1 c. à thé) de vanille
Sucre glace

Crème au citron

4 citrons
150 g (¾ tasse) de sucre
3 œufs
7 g (1 c. à soupe) de fécule de maïs

Meringue suisse

4 blancs d'œufs
200 g (1 tasse) de sucre

GÂTEAU ROULÉ : Beurrer une plaque à pâtisserie de 30 x 37,5 cm (12 x 15 po) et la chemiser de papier parchemin. Beurrer de nouveau le papier parchemin. Préchauffer le four à 190 °C (375 °F). Mélanger la farine, la levure chimique et le sel. Réserver.

Blanchir les œufs et le sucre au batteur électrique, jusqu'à ce que le mélange soit pâle et léger. Ajouter l'eau et la vanille, et bien mélanger. Ajouter les ingrédients secs et mélanger à faible vitesse. Étendre la pâte dans le moule préparé. Enfourner de 12 à 15 minutes.

Détacher les bords et renverser immédiatement le moule sur un linge saupoudré d'une quantité généreuse de sucre glace. Retirer le papier et enlever les bords croustillants. En commençant par le bord court, rouler le gâteau avec la serviette sans serrer. Laisser refroidir, ainsi roulé, sur une grille à gâteau.

CRÈME AU CITRON : Prélever le zeste de 2 citrons et presser tous les citrons. Mettre le tout dans une casserole avec le sucre, les œufs et la fécule de maïs. Mélanger au fouet et faire chauffer, sans cesser de remuer, jusqu'à épaississement de la crème. Laisser complètement refroidir.

MONTAGE : Dérouler le biscuit et étaler la crème dessus. L'enrouler délicatement puis couper les extrémités. Utiliser ces bouts pour réaliser des cheminées sur la bûche.

MERINGUE SUISSE : Dans un cul-de-poule, mettre les blancs d'œufs et le sucre. Faire chauffer une casserole d'eau et déposer le cul-de-poule au-dessus pour faire une cuisson au bain-marie. Fouetter au batteur électrique jusqu'à ce que la préparation soit chaude. La meringue, à ce stade, est bien blanche et brillante. Retirer le cul-de-poule du feu et continuer de fouetter jusqu'à refroidissement de la préparation. À l'aide d'une spatule, couvrir de meringue le biscuit roulé. Caraméliser la meringue au chalumeau et servir.

Éclairs au citron

Si vous ne faites pas votre fondant blanc, vous pouvez faire votre glaçage en mélangeant du sucre glace avec du jus de citron, jusqu'à la texture désirée.

Pour 12 éclairs

Pâte à choux
125 ml (½ tasse) d'eau
125 ml (½ tasse) de lait
120 g (½ tasse) de beurre, coupé en morceaux
1 pincée de sel
1 pincée de sucre
Le zeste fin de 1 citron
150 g (1 tasse) de farine
4 œufs à température ambiante

Crème pâtissière au citron
500 ml (2 tasses) de lait
100 g (½ tasse) de sucre
4 œufs
40 g (⅓ tasse) de fécule de maïs
250 ml (1 tasse) de lemon curd (voir page 134)

Glaçage
150 g (⅔ tasse) de fondant blanc
10 ml (2 c. à thé) d'extrait pur de citron

PÂTE À CHOUX : Dans une casserole à fond épais, faire bouillir l'eau, le lait, le beurre, le sel, le sucre et le zeste de citron. Lorsque le mélange est arrivé à ébullition, verser d'un seul coup la farine et remuer vigoureusement à l'aide d'une cuillère en bois durant 1 minute, jusqu'à l'obtention d'une boule de pâte qui se détache complètement du fond de la casserole.

Verser cette boule dans le bol du batteur sur socle, muni du fouet, puis ajouter les œufs, un à un, tout en fouettant rapidement. (Il faut que la pâte à choux ait une consistance bien lisse, mais il ne faut pas qu'elle soit trop souple.) Mettre la pâte dans une poche à pâtisserie munie d'un embout lisse.

Préchauffer le four à 220 °C (425 °F). Déposer 12 bandes de pâte sur une plaque à biscuits recouverte de papier parchemin ou d'un tapis de silicone. Cuire 15 minutes, puis baisser la température du four à 190 °C (375 °F) et poursuivre la cuisson 20 minutes. Sortir les éclairs du four et laisser refroidir sur une grille.

CRÈME PÂTISSIÈRE AU CITRON : Dans une petite casserole, porter le lait à ébullition avec le sucre. Pendant ce temps, mélanger les œufs et la fécule de maïs. Verser le lait progressivement dans le mélange en remuant. Transférer la préparation dans la casserole et porter à ébullition en remuant sans cesse, jusqu'à ce que la préparation ait épaissi. Incorporer le lemon curd et bien mélanger. Couvrir de film alimentaire et réserver au réfrigérateur.

Couper les éclairs en deux dans le sens de la longueur. Remplir de crème refroidie une poche à pâtisserie munie d'une douille crantée, puis garnir les éclairs.

GLAÇAGE : Faire tiédir le fondant, puis ajouter l'extrait pur de citron. Bien mélanger puis étaler sur le dessus des éclairs. Garder au frais jusqu'au service.

Flan pâtissier au citron et aux framboises

J'ai essayé de nombreuses recettes de flan pâtissier : avec croûte, sans croûte, beaucoup d'œufs, de la poudre à flan, au chocolat, etc.; quelles que soient les recettes, je craque tout autant. J'aime la texture et les saveurs qui me rappellent mon enfance. Tout en gardant la texture, j'ai imaginé un flan fruité et citronné… un dessert plus « adulte ».

Pour 8 personnes

Ingrédients

1 pâte feuilletée (environ 250 g [9 oz])
40 g (1/3 tasse) de poudre d'amande
2 casseaux de 170 g (2 x 1 1/3 tasse)
  de framboises fraîches
1 l (4 tasses) de lait

200 g (1 tasse) de sucre
Le zeste fin de 2 citrons
4 œufs
120 g (1 tasse) de fécule de maïs
90 ml (6 c. à soupe) de jus de citron

Abaisser la pâte feuilletée sur un plan de travail fariné et foncer un moule à manqué beurré et fariné avec la pâte. Étendre la poudre d'amande dans le fond, puis garnir de framboises. Réserver au réfrigérateur le temps de préparer la crème pâtissière.

Préchauffer le four à 180 °C (350 °F).

Dans une casserole, chauffer 875 ml (3 ½ tasses) de lait avec le sucre et le zeste des citrons jusqu'au point d'ébullition.

Dans un saladier, mélanger au batteur électrique les œufs avec la fécule de maïs, le jus de citron et 125 ml (½ tasse) de lait. Ajouter le lait tiédi sur la préparation aux œufs, tout en fouettant. Remettre le tout dans la casserole et porter à ébullition à feu doux, sans cesser de mélanger au fouet, jusqu'à épaississement.

Retirer du feu et mettre un couvercle sur la casserole pour éviter qu'une peau se forme, et laisser tiédir 30 minutes.

Verser la crème pâtissière sur les framboises, puis lisser le dessus à la spatule. Placer le moule à manqué sur la grille dans le bas du four, pour 15 minutes, puis remonter le moule sur la grille du milieu et poursuivre la cuisson 30 minutes. Pour éviter que le flan ne soit trop doré, le recouvrir d'une feuille d'aluminium les 10 dernières minutes de cuisson.

Laisser complètement refroidir dans le moule avant de démouler et de couper en pointes.

Tartelettes au citron et aux framboises, crème fouettée à la menthe

Ces tartelettes contiennent toutes les saveurs de l'été et seront parfaites pour un pique-nique au bord d'un lac. Elles sont rapides à préparer et encore plus rapides à déguster. N'oubliez pas de vous en mettre quelques-unes de côté, pour en manger très égoïstement.

Pour 15 tartelettes

Ingrédients
15 fonds de tarte de 8 cm (3 po) surgelés, décongelés
1 casseau de 170 g (1 ⅓ tasse) de framboises fraîches
3 jaunes d'œufs
2 œufs entiers
150 g (¾ tasse) de sucre
10 ml (2 c. à thé) de zeste de citron râpé
125 ml (½ tasse) de jus de citron

Crème fouettée parfumée à la menthe
180 ml (¾ tasse) de crème 35 %
12 g (1 c. à soupe) de sucre
10 g (2 c. à soupe) de menthe fraîche, émincée finement

Déposer les fonds de tarte (les laisser dans leur fond d'aluminium) sur une plaque à pâtisserie chemisée de papier sulfurisé (pour éviter le nettoyage de la plaque en cas de débordement). Déposer 3 framboises sur chaque fond de tarte et réserver le reste des framboises. Mettre de côté.

Préchauffer le four à 200 °C (400 °F).

À l'aide d'un fouet, battre les jaunes d'œufs avec les œufs entiers, le sucre, le zeste et le jus de citron. À l'aide d'une cuillère, enlever la mousse formée sur le dessus de la préparation. Remplir délicatement les fonds de tarte en laissant un peu d'espace en haut de la croûte.

Cuire les tartelettes au four environ 20 minutes, ou jusqu'à ce que la garniture soit ferme et la pâte, légèrement dorée. Laisser refroidir 5 minutes sur une grille. (Les tartelettes se conservent jusqu'à 2 jours au réfrigérateur.)

Juste avant de servir, battre la crème et le sucre de manière à obtenir des pics fermes. Incorporer la menthe. Démouler les tartelettes et les garnir de crème fouettée et des framboises réservées.

La parfaite tarte au citron meringuée

C'est, pour moi, la tarte au citron parfaite, car la garniture est crémeuse et citronnée juste comme il faut. La meringue ne fait pas d'eau sur la garniture, car j'utilise pour éviter cela de la meringue suisse qui est plus stable que les meringues française et italienne. La préparation de cette tarte est assez longue, mais je peux vous assurer que les personnes qui y goûteront vous remercieront et vous demanderont la recette.

Pour 6 à 8 personnes (tarte de 23 cm [9 po] de diamètre)

Pâte sablée
160 g (2/3 tasse) de beurre mou
100 g (1 tasse) de sucre glace
30 g (¼ tasse) de poudre d'amande
1 pincée de sel
1 gros œuf
5 ml (1 c. à thé) d'extrait de vanille
300 g (2 tasses) de farine

Meringue suisse
2 blancs d'œufs
100 g (½ tasse) de sucre

Crème au citron
200 g (1 tasse) de sucre
Le zeste fin de 3 citrons
4 gros œufs
125 ml (½ tasse) de jus de citron frais
300 g (1 ¼ tasse) de beurre non salé,
    coupé en morceaux, à température ambiante

Matériel
Thermomètre
Tamis
Mélangeur ou robot

PÂTE SABLÉE : Dans le robot, crémer le beurre et le sucre glace. Ajouter la poudre d'amande, le sel, l'œuf et l'extrait de vanille. Pulser pour bien mélanger. Ajouter la farine et pulser jusqu'à ce qu'une boule de pâte se forme. Envelopper la pâte de film alimentaire et réfrigérer 2 heures.

Pour une cuisson à blanc (c'est lorsque qu'on demande un fond de tarte entièrement cuit dans une recette) : Beurrer et fariner un moule à tarte et le foncer avec la pâte à tarte étalée de manière uniforme. Piquer le fond à la fourchette. Recouvrir la pâte de papier parchemin beurré et remplir de haricots secs, puis mettre au four à 180 °C (350 °F) pendant 15 minutes. Enlever les haricots et le papier parchemin, et poursuivre la cuisson de la pâte pendant 15 minutes supplémentaires, ou jusqu'à ce que les bords soient dorés.

CRÈME AU CITRON : Faire frémir un peu d'eau (5 cm [2 po]) dans une casserole. Réserver. Mettre le sucre et le zeste dans un grand bol résistant à la chaleur. Frotter le sucre et le zeste entre vos doigts pour aromatiser. Y battre les œufs puis le jus de citron. Mettre le bol au bain-marie dans la casserole d'eau frémissante et fouetter dès que le mélange est un peu tiède. Cuire jusqu'à 82 °C (180 °F) tout en fouettant constamment. La crème va s'alléger et devenir moussante, puis les bulles vont devenir plus grosses en atteignant 82 °C (180 °F). Le mélange sera épais, et le fouet laissera une trace. Ne pas cesser de fouetter tant que la température n'est pas de 82 °C (180 °F).

Enlever alors du feu et tamiser au-dessus du robot ou du mélangeur. Jeter le zeste. Laisser reposer jusqu'à 60 °C (140 °F), environ 10 minutes.

À haute vitesse, avec le mélangeur, ajouter le beurre, 5 morceaux à la fois. Gratter les bords, si nécessaire. Laisser la machine fonctionner encore 3 minutes. Verser la crème dans un contenant et recouvrir de film alimentaire. Réfrigérer 4 heures ou toute une nuit. On peut garder la crème 4 jours au réfrigérateur ou 2 mois au congélateur (la décongeler toute une nuit au réfrigérateur).

MERINGUE SUISSE : Dans un cul-de-poule, mettre les blancs d'œufs et le sucre. Faire chauffer une casserole d'eau et déposer le cul-de-poule au-dessus pour faire une cuisson au bain-marie. Fouetter au batteur électrique jusqu'à ce que la préparation soit chaude. La meringue, à ce stade, est bien blanche et brillante. Retirer le cul-de-poule du feu et continuer de fouetter jusqu'à refroidissement de la préparation.

MONTAGE : Fouetter la crème au citron au batteur électrique et verser dans la croûte froide. Égaliser le dessus à la spatule. Réfrigérer 1 heure.

Mettre la meringue suisse dans une poche à pâtisserie munie d'une douille cannelée et recouvrir le dessus de la crème au citron de meringue. À l'aide d'un chalumeau, dorer le dessus de la meringue.

Tarte à la crème brûlée au citron

Je n'ai que des compliments sur cette tarte qui reste une de mes préférées. Tous ceux qui y ont goûté sont repartis avec la recette. C'est tout un signe !

Pour 6 à 8 personnes

Croûte

150 g (1 tasse) de farine
50 g (¼ tasse) de sucre
1 pincée de sel
90 g (6 c. à soupe) de beurre
60 ml (¼ tasse) de crème 35 %
1 blanc d'œuf, légèrement battu

Garniture

150 g (¾ tasse) de sucre
180 ml (¾ tasse) de crème 35 %
4 gros jaunes d'œufs
2 gros œufs
125 ml (½ tasse) de jus de citron
15 ml (1 c. à soupe) de zeste de citron
25 g (2 c. à soupe) de sucre pour saupoudrer

CROÛTE : Dans le robot culinaire muni de la lame, mélanger la farine, le sucre et le sel. Ajouter le beurre en morceaux et pulser jusqu'à l'incorporation du beurre. Ajouter la crème 35 % et bien mélanger. Former une boule et envelopper dans du film alimentaire. Réfrigérer 2 heures.

Préchauffer le four à 180 °C (350 °F).

Abaisser la pâte et la mettre dans un moule à tarte, beurré et fariné, de 20 cm (8 po) de diamètre. Badigeonner la pâte de blanc d'œuf. Chemiser la pâte de papier parchemin beurré et remplir de haricots secs. Cuire le fond de tarte à blanc pendant 18 minutes.

Pendant ce temps, mélanger les ingrédients de la garniture. Mettre le mélange dans la croûte et remettre la tarte au four pour 30 minutes.

Laisser refroidir 1 heure avant de saupoudrer 25 g (2 c. à soupe) de sucre. Placer sous le gril ou utiliser un chalumeau pour que le dessus de la tarte soit caramélisé.

Tarte frangipane au citron

Cette tarte a eu un succès fou chaque fois que je l'ai faite. La texture se situe entre une frangipane et un flan moelleux. La poudre d'amande permet d'adoucir l'acidité du citron.

Pour 6 personnes

Pâte

225 g (1 ½ tasse) de farine
120 g (½ tasse) de beurre non salé,
  froid et coupé en cubes
50 g (½ tasse) de sucre glace
1 pincée de sel
Le zeste de 1 citron, finement râpé
3 jaunes d'œufs
15 ml (1 c. à soupe) d'eau glacée

Garniture

150 g (1 ½ tasse) de sucre glace
Le jus de 2 citrons
120 g (½ tasse) de beurre, fondu
120 g (1 tasse) de poudre d'amande
3 œufs

PÂTE : Mettre la farine, le beurre, le sucre glace, le sel et le zeste dans le bol d'un robot culinaire. Pulser à plusieurs reprises jusqu'à l'obtention d'un mélange ressemblant à une chapelure fine. Alors que le moteur est en marche, ajouter les jaunes d'œufs et l'eau. Pulser jusqu'à ce que la pâte forme une boule. Mettre la pâte sur une surface légèrement farinée puis l'aplatir en un disque, l'envelopper dans du film alimentaire et réfrigérer pendant 1 heure.

Abaisser la pâte entre deux feuilles de papier parchemin légèrement farinées — si la pâte est trop molle, réfrigérer pendant 5 minutes. Foncer un moule à tarte de 23 cm (9 po) de diamètre avec la pâte. Couper les bords avec un couteau et piquer le fond avec une fourchette. Mettre au congélateur pendant 30 minutes.

Préchauffer le four à 180 °C (350 °F). Tapisser la pâte avec un morceau de papier parchemin beurré et remplir de haricots secs. Cuire au four pendant 15 minutes, retirer les haricots et le papier parchemin, puis cuire encore 10 minutes ou jusqu'à ce que la pâte soit légèrement dorée.

GARNITURE : Dissoudre le sucre glace avec le jus des citrons, ajouter le beurre fondu, la poudre d'amande et les œufs. Bien mélanger puis verser la garniture dans le fond de tarte précuit.

Cuire au four pendant 30 à 35 minutes ou jusqu'à ce que la garniture soit dorée. Laisser refroidir dans le moule. Couper en pointes et servir.

Tarte au citron et au chocolat

Cette tarte est toute en contraste : une croûte sablée pour le croustillant et une ganache soyeuse associée à une crème de citron acidulée, mais pas trop puisque j'utilise des citrons Meyer. Cette association a mis du temps à faire son chemin jusqu'à ma gourmandise, car je n'étais pas convaincue, jusqu'à ce que j'essaie. J'ai regretté d'avoir tant attendu, c'est surprenant et vraiment excellent.

Pour 6 à 8 personnes

Pâte sablée pour une tarte de 23 cm (9 po)
160 g (2/3 tasse) de beurre mou
100 g (1 tasse) de sucre glace
30 g (¼ tasse) de poudre d'amande
1 pincée de sel
1 gros œuf
5 ml (1 c. à thé) d'extrait de vanille
300 g (2 tasses) de farine

Ganache au chocolat
120 g (4 oz) de chocolat mi-sucré, haché
125 ml (½ tasse) de crème 35 %

Garniture au citron
100 g (½ tasse) de sucre
Le zeste de 2 citrons Meyer
2 œufs
125 ml (½ tasse) de jus de citron Meyer fraîchement pressé
150 g (2/3 tasse) de beurre non salé, coupé en morceaux, ramolli à température ambiante

PÂTE SABLÉE : Dans le robot, crémer le beurre et le sucre glace. Ajouter les amandes, le sel, l'œuf et l'extrait de vanille. Pulser pour bien mélanger. Ajouter la farine et pulser jusqu'à ce qu'une boule de pâte se forme. Envelopper la pâte de film alimentaire et réfrigérer 2 heures.

Pour une cuisson à blanc (c'est lorsqu'on demande un fond de tarte entièrement cuit dans une recette) : Beurrer et fariner un moule à tarte et le foncer avec la pâte à tarte étalée de manière uniforme. Piquer le fond à la fourchette. Couvrir d'aluminium et de haricots secs, puis mettre au four à 180 °C (350 °F) pendant 15 minutes. Enlever les haricots et l'aluminium, puis poursuivre la cuisson de la pâte pendant 15 minutes, ou jusqu'à ce que les bords soient dorés.

GANACHE AU CHOCOLAT : Mettre le chocolat dans un bol. Porter la crème à ébullition dans une casserole à feu moyen. Verser la crème sur le chocolat et laisser reposer pendant environ 1 minute. Remuer avec une cuillère en bois pour faire fondre et mélanger le chocolat avec la crème jusqu'à l'obtention d'une ganache lisse. Garnir de ganache dans le fond de la tarte. Laisser reposer pendant environ 10 minutes pour raffermir.

GARNITURE AU CITRON : Faire frémir un peu d'eau (5 cm [2 po]) dans une casserole. Réserver. Mettre le sucre et le zeste dans un grand bol résistant à la chaleur. Frotter le sucre et le zeste entre vos doigts pour aromatiser. Y battre les œufs puis le jus de citron.

Mettre le bol au bain-marie dans la casserole d'eau frémissante et fouetter dès que le mélange est un peu tiède. Cuire jusqu'à 82 °C (180 °F) tout en fouettant constamment. La crème va s'alléger et devenir moussante, puis les bulles vont devenir plus grosses en atteignant 82 °C (180 °F). Le mélange sera épais, et le fouet laissera une trace. Ne pas cesser de fouetter tant que la température n'est pas de 82 °C (180 °F). Enlever alors du feu et tamiser au-dessus du robot ou du mélangeur. Jeter le zeste. Laisser reposer jusqu'à 60 °C (140 °F), environ 10 minutes.

À haute vitesse, avec le mélangeur, ajouter le beurre, 5 morceaux à la fois. Gratter les bords, si nécessaire. Laisser la machine fonctionner encore 3 minutes. Réserver la crème au citron 3 heures au réfrigérateur.

Une fois la crème refroidie, verser sur la ganache au chocolat. Lisser le dessus et réfrigérer 1 heure avant de servir en pointes.

Roulé soufflé au citron, crème de mascarpone au limoncello

Pour 6 à 8 personnes

Roulé soufflé au citron

45 g (3 c. à soupe) de beurre non salé
30 g + 40 g (3 c. à soupe + ¼ tasse) de farine
250 ml (1 tasse) de lait
100 g (½ tasse) de sucre
15 ml (1 c. à soupe) de zeste de citron râpé
2 pincées de sel
30 ml (2 c. à soupe) de jus de citron
4 gros jaunes d'œufs

5 gros blancs d'œufs
50 g (¼ tasse) de sucre
Sucre glace

Garniture

125 ml (½ tasse) de crème 35 %
60 ml (¼ tasse) de mascarpone
25 g (2 c. à soupe) de sucre
15 ml (1 c. à soupe) de limoncello (voir page 138)

Préchauffer le four à 190 °C (375 °F). Chemiser de papier parchemin un moule en métal de 23 x 33 cm (9 x 13 po) préalablement beurré de sorte que le papier couvre les quatre côtés.

ROULÉ SOUFFLÉ AU CITRON : Faire fondre le beurre dans une grande casserole sur feu moyen et y ajouter 30 g (3 c. à soupe) de farine. Retirer la casserole du feu et incorporer au fouet le lait, le sucre et le zeste de citron râpé. Remettre sur le feu, porter à ébullition et laisser mijoter doucement pendant environ 2 minutes sans cesser de remuer. Ajouter une pincée de sel et incorporer le jus de citron. Laisser refroidir 10 minutes. Ajouter ensuite les jaunes d'œufs, un à un, en battant bien après chaque ajout. Réserver.

Mettre les blancs d'œufs dans un grand bol et les battre au batteur électrique avec une pincée de sel jusqu'à ce qu'ils soient mousseux. Continuer de battre en ajoutant petit à petit le sucre jusqu'à ce que les blancs d'œufs soient luisants et forment des pointes molles. En mettre une grande cuillerée dans la crème au citron pour la détendre puis incorporer le reste des blancs d'œufs au mélange, et ajouter 40 g (¼ tasse) de farine. Verser la préparation dans le moule réservé et l'étaler uniformément. Enfourner pour 18 à 20 minutes ou jusqu'à ce que le soufflé soit gonflé et doré. Le démouler sur un linge à vaisselle géné-reusement saupoudré de sucre glace (pour empêcher le soufflé de coller). Enlever le papier parchemin et laisser refroidir.

GARNITURE : Mélanger la crème 35 %, le mascarpone et le sucre, et fouetter jusqu'à ce que la garniture soit ferme et homogène. Ajouter le limoncello et fouetter de nouveau.

Tartiner le soufflé de la garniture et le rouler en partant du côté court et en se servant du linge à vaisselle comme guide. Laisser reposer 30 minutes, sur le côté couture, et réfrigérer jusqu'au moment du service.

Couper le roulé en tranches et accompagner de fruits frais, si désiré.

Tiramisu au citron

C'est le grand classique italien revisité avec le citron, ce qui lui donne une touche délicieusement rafraîchissante. Je le sers habituellement avec des framboises, mais n'importe quels fruits rouges seront les bienvenus.

Pour 6 à 8 personnes

Ingrédients
24 gros biscuits à la cuillère
Framboises fraîches
Feuilles de menthe

Sirop de citron
125 ml (½ tasse) de jus de citron
125 ml (½ tasse) d'eau
100 g (½ tasse) de sucre

Crème au citron
500 ml (2 tasses) de lait
6 jaunes d'œufs
150 g (¾ tasse) de sucre
40 g (¼ tasse) de farine
60 g (¼ tasse) de beurre froid, coupé en morceaux
60 g (2 oz) de chocolat blanc, haché finement
15 ml (1 c. à soupe) de zeste de citron
60 ml (¼ tasse) de jus de citron
1 petit contenant de 275 g de mascarpone
375 ml (1 ½ tasse) de crème fouettée

SIROP DE CITRON : Mettre tous les ingrédients dans une petite casserole et porter à ébullition. Laisser cuire 5 minutes. Retirer du feu et réserver.

CRÈME AU CITRON : Porter le lait jusqu'au point d'ébullition. Dans un saladier, mélanger au fouet les œufs, le sucre et la farine. Incorporer la moitié du lait chaud à la préparation d'œufs. Remettre dans la casserole et cuire en remuant constamment jusqu'à ce que la préparation ait épaissi. Ajouter le beurre, le chocolat blanc, le zeste et le jus de citron, et bien mélanger. Couvrir la casserole de film alimentaire et réfrigérer 2 heures.

Dans le bol du batteur sur socle, battre le mascarpone en incorporant la crème au citron, puis plier la crème fouettée dans le mélange.

Dans un plat d'une capacité de 3 l (12 tasses), disposer la moitié des biscuits à la cuillère. Badigeonner généreusement de la moitié du sirop de citron et couvrir de la moitié de la garniture au mascarpone et au citron. Répéter ces opérations une autre fois. Couvrir et réfrigérer 4 heures. Au moment de servir, garnir de framboises et de feuilles de menthe.

Beignets au lemon curd

J'aime les beignets, et cela depuis l'enfance. Quand j'allais dans les fêtes foraines, ce n'était pas pour les manèges, mais plutôt pour déguster des gaufres, des pommes d'amour et des beignets à la confiture. Ceux-ci donnent dans la finesse. On pourrait presque croire que c'est très léger, mais ce n'est pas du tout le cas. Il faudra donc être très raisonnable et contrôler sa dépendance.

Pour 24 beignets

Ingrédients
8 g (2 ½ c. à thé) de levure sèche active
30 ml (2 c. à soupe) d'eau tiède
500 g (3 ⅓ tasses) de farine
250 ml (1 tasse) de lait 3,25 %,
  à température ambiante
60 g (¼ tasse) de beurre non salé, ramolli
3 gros jaunes d'œufs
25 g (2 c. à soupe) de sucre
5 ml (1 c. à thé) de sel
2 ml (½ c. à thé) de cannelle moulue
Environ 2,5 l (10 tasses) d'huile végétale pour friture

Garniture des beignets
Lemon curd (voir page 134)

Enrobage des beignets
150 g (¾ tasse) de sucre
Le zeste fin de 1 gros citron

Mélanger la levure et l'eau tiède dans un petit bol jusqu'à ce que la levure soit dissoute. Laisser reposer jusqu'à consistance mousseuse, environ 5 minutes. (Si la levure ne mousse pas, la jeter et recommencer avec de la nouvelle levure.)

Mélanger la farine, le lait, le beurre, les jaunes d'œufs, le sucre, le sel, la cannelle et la préparation précédente à base de levure dans le mélangeur à basse vitesse, jusqu'à l'obtention d'une pâte molle. Augmenter la vitesse et battre 3 minutes de plus.

Couvrir le bol avec un torchon propre et laisser la pâte lever dans un endroit sans courant d'air à température ambiante chaude jusqu'à ce qu'elle ait doublé de volume, soit entre 1 heure 30 minutes et 2 heures. (Sinon, laisser lever la pâte dans un bol au réfrigérateur pendant 8 à 12 heures.)

Abaisser la pâte au rouleau sur un plan de travail légèrement fariné, sur une épaisseur de 1,25 cm (½ po). À l'aide d'un emporte-pièce de 5 cm (2 po) de diamètre, couper des ronds dans la pâte et les déposer sur deux plaques à biscuits légèrement farinées.

Couvrir les beignets avec un torchon propre et laisser lever dans un endroit sans courant d'air à température ambiante chaude jusqu'à ce que les beignets soient légèrement gonflés, soit 30 minutes (ou 45 minutes si votre pâte a levé au réfrigérateur). Ne pas essayer de refaire des beignets avec les découpes de pâte.

Faire chauffer l'huile à 180 °C (350 °F). Frire les beignets, 3 à 4 à la fois, 1 à 2 minutes de chaque côté, jusqu'à ce qu'ils soient légèrement dorés. Enlever les beignets de l'huile à l'aide d'une écumoire, les laisser égoutter sur du papier absorbant, et laisser refroidir.

ENROBAGE : Mélanger le sucre et le zeste de citron dans un petit saladier et réserver.

GARNITURE : Mettre le lemon curd dans une bouteille compressible en plastique ou dans une poche à pâtisserie munie d'une douille fine et pointue. Remplir les beignets de lemon curd. (Vous saurez quand vous en aurez mis assez, car le lemon curd ressortira par le trou fait par l'embout pointu.)

Rouler les beignets dans le sucre au citron et déguster.

Gâteaux

Gâteau à la limonade

C'est le gâteau de fête par excellence. C'est un dessert plus sucré et plus gros que ceux que je fais habituellement, mais il est tellement moelleux et bien citronné qu'on oublie vite le sucre. Ne soyez pas étonné si vos invités vous demandent la recette.

Pour 12 personnes

Gâteau

265 g (1 ⅓ tasse) de sucre

90 g (6 c. à soupe) de beurre, ramolli

15 ml (1 c. à soupe) de zeste de citron râpé

45 ml (3 c. à soupe) de limonade concentrée décongelée

10 ml (2 c. à thé) d'extrait de vanille

2 gros œufs

2 gros blancs d'œufs

300 g (2 tasses) de farine

5 g (1 c. à thé) de levure chimique

2 ml (½ c. à thé) de bicarbonate de soude

2 ml (½ c. à thé) de sel

310 ml (1 ¼ tasse) de babeurre

Glaçage

30 g (2 c. à soupe) de beurre, ramolli

10 ml (2 c. à thé) de zeste de citron râpé

10 ml (2 c. à thé) de limonade concentrée décongelée

2 ml (½ c. à thé) d'extrait de vanille

250 g (1 tasse) de fromage à la crème

300 g (3 tasses) de sucre glace

Préchauffer le four à 180 °C (350 °F). Graisser deux moules ronds à paroi amovible de 23 cm (9 po). Réserver.

GÂTEAU : Dans le bol du batteur sur socle, muni du fouet, mélanger le sucre, le beurre, le zeste de citron, la limonade et l'extrait de vanille jusqu'à homogénéité (environ 5 minutes). Ajouter les œufs et les blancs d'œufs, un à la fois, en battant bien après chaque addition. En alternance avec le babeurre, ajouter la farine, la levure chimique, le bicarbonate et le sel, préalablement tamisés ensemble. Bien mélanger.

Séparer la préparation également dans les deux moules préparés et taper les moules sur le comptoir pour bien répartir la pâte. Enfourner pour 20 à 25 minutes ou jusqu'à ce qu'un cure-dent inséré au centre en ressorte sec. Laisser refroidir 10 minutes dans les moules, puis démouler sur des grilles de refroidissement.

GLAÇAGE : Dans le bol du batteur sur socle, muni du fouet, mettre tous les ingrédients, sauf le sucre glace, et battre à haute vitesse jusqu'à consistance mousseuse. Incorporer le sucre glace, un peu à la fois, tout en battant à basse vitesse, jusqu'à consistance homogène. Réfrigérer 1 heure.

Placer un premier gâteau dans un plat de service. À l'aide d'une spatule, répartir 125 ml (½ tasse) de glaçage sur le dessus, puis poser le deuxième gâteau par-dessus, le côté bien droit vers le haut. Recouvrir entièrement le gâteau avec le reste du glaçage. Conserver le gâteau, couvert d'une cloche, au réfrigérateur.

Cake au yogourt, au citron et aux framboises

La texture de ce gâteau est légère, moelleuse, aérée et... bien citronnée ! J'ai incorporé des framboises afin d'accentuer le côté acidulé, mais aussi parce que je craignais que le gâteau soit trop sucré, ce qui n'est pas le cas. C'est une très bonne base pour décliner ce gâteau avec d'autres fruits.

Pour 8 personnes

Ingrédients
150 g (1 tasse) de farine
60 g (½ tasse) de poudre d'amande
10 ml (2 c. à thé) de levure chimique
1 pincée de sel
1 casseau de 170 g (1 1/3 tasse) de framboises fraîches
200 g (1 tasse) de sucre
Le zeste de 1 citron
120 g (½ tasse) de yogourt nature
3 gros œufs
125 ml (½ tasse) d'huile de tournesol

Pour le glaçage
125 ml (½ tasse) de gelée de citron
Amandes effilées

Préchauffer le four à 180 °C (350 °F). Beurrer généreusement un moule à cake ou à pain.

Dans un bol, mélanger la farine, la poudre d'amande, la levure chimique et le sel. Ajouter les framboises et mélanger délicatement pour bien les enrober, et ce, afin d'éviter que les framboises ne tombent au fond du gâteau lors de la cuisson.

Dans le bol du batteur électrique, mettre le sucre, le zeste de citron, le yogourt, les œufs et l'huile, et bien battre. Verser la préparation sur les ingrédients secs et mélanger délicatement.

Verser la préparation dans le moule préparé. Cuire au four de 50 à 55 minutes.

Laisser reposer 5 minutes dans le moule avant de démouler et de mettre le cake à refroidir sur une grille.

Chauffer la gelée de citron et en badigeonner le cake, puis décorer avec des amandes effilées.

Cake aux courgettes et aux épices, au beurre de citron et de thym

Délicatement aromatisé d'épices et de citron, ce cake est idéal pour le petit-déjeuner et le thé ou comme dessert léger. Le beurre aromatisé le rend encore plus appétissant; il peut être cuisiné quelques jours à l'avance. Vous pouvez le couvrir et le réfrigérer, puis le ramener à température ambiante avant de le servir. Si vous avez des tonnes de courgettes, comme c'est souvent le cas à la fin de l'été, doublez ou triplez la recette et congelez les pains, une fois refroidis.

Pour 10 à 12 personnes

Ingrédients
375 g (2 ½ tasses) de farine
10 ml (2 c. à thé) de gingembre moulu
5 g (1 c. à thé) de levure chimique
2 ml (½ c. à thé) de bicarbonate de sodium
2 ml (½ c. à thé) de sel
2 ml (½ c. à thé) de piment de la Jamaïque
2 ml (½ c. à thé) de muscade moulue
150 g (¾ tasse) de cassonade
2 œufs

180 ml (¾ tasse) de babeurre
75 g (⅓ tasse) de beurre, fondu
10 ml (2 c. à thé) de zeste de citron râpé
250 g (1 ½ tasse) de courgettes râpées finement
105 g (1 tasse) de pacanes rôties et hachées

Beurre au citron et au thym
60 g (¼ tasse) de beurre à température ambiante
2 ml (½ c. à thé) de zeste de citron râpé
1 ml (¼ c. à thé) de thym frais ou de thym citronnelle haché fin

Préchauffer le four à 180 °C (350 °F).

Dans un grand bol, mélanger la farine, le gingembre, la levure chimique, le bicarbonate de sodium, le sel, le piment de la Jamaïque et la muscade.

Dans un autre bol, mélanger au fouet la cassonade, les œufs, le babeurre, le beurre et le zeste de citron. Verser ce mélange sur les ingrédients secs et éparpiller dessus les courgettes et les pacanes. Mélanger pour mouiller à peine.

Mettre dans un moule à pain en métal graissé de 12 x 23 cm (5 x 9 po). Cuire au four de 60 à 70 minutes ou jusqu'à ce qu'un cure-dent inséré au centre en ressorte propre.

Laisser refroidir, sans démouler, 10 minutes sur une grille, puis démouler sur la grille et laisser refroidir complètement.

Entre-temps, écraser le beurre, le zeste de citron et le thym jusqu'à homogénéité. Mettre dans un petit bol et servir avec le cake tranché.

Gâteau au mascarpone et au citron, garniture aux abricots et au chocolat blanc

Voici un gâteau au fromage léger et citronné dont le goût est relevé d'abricots et de chocolat blanc. Il évoque le printemps et clôt de façon spectaculaire un repas.

Pour 8 à 10 personnes

Croûte
75 g (⅓ tasse) de beurre, fondu
130 g (1 ½ tasse) de biscuits au gingembre émiettés

Garniture
500 g (2 tasses) de fromage à la crème,
 à température ambiante
150 g (¾ tasse) de sucre
4 œufs
1 grand contenant de 475 g de mascarpone
45 g (4 ½ c. à soupe) de farine
10 ml (2 c. à thé) d'extrait de vanille
15 ml (1 c. à soupe) de zeste de citron finement râpé
60 ml (¼ tasse) de jus de citron

Abricots
115 g (¾ tasse) d'abricots séchés, hachés grossièrement
50 g (¼ tasse) de sucre
60 ml (¼ tasse) de vin blanc
125 ml (½ tasse) d'eau
60 ml (¼ tasse) de marmelade d'orange maison
 ou du commerce
90 g (3 oz) de chocolat blanc

CROÛTE : Tapisser le fond d'un moule à charnière de 23 cm (9 po) de papier parchemin. Badigeonner le papier recouvrant le fond et les côtés de 15 ml (1 c. à soupe) de beurre fondu.

Dans un bol, mélanger les biscuits émiettés et le reste du beurre. Tasser ce mélange au fond et un peu sur les parois du moule préparé. Réfrigérer pendant la préparation de la garniture.

Préchauffer le four à 180 °C (350 °F).

GARNITURE : Dans un grand bol à mélanger, battre le fromage à la crème jusqu'à ce qu'il soit ramolli. Ajouter le sucre et battre environ 5 minutes jusqu'à ce que le mélange soit léger. Ajouter les œufs, un à un, en battant bien après chaque ajout. Incorporer le mascarpone jusqu'à ce que le mélange soit homogène. Incorporer ensuite la farine, la vanille, le zeste et le jus de citron. Verser la garniture à la cuillère dans le fond de tarte froid et lisser le dessus.

Poser le gâteau sur une plaque à pâtisserie et le faire cuire au milieu du four 1 heure 15 minutes ou jusqu'à ce qu'il soit ferme sur les côtés et un peu plus mou au centre. Le gâteau montera comme un soufflé, mais il s'affaissera en refroidissant. Éteindre le four et laisser le gâteau reposer 1 heure à l'intérieur, la porte du four entrouverte. Cela l'empêchera de se fissurer.

ABRICOTS : Mettre les abricots, le sucre, le vin et l'eau dans une casserole. Laisser macérer 30 minutes. Porter à ébullition. Couvrir, ramener à feu mi-doux et laisser mijoter 30 minutes ou jusqu'à ce que les abricots soient très mous. Incorporer la marmelade et laisser refroidir.

Étendre le mélange d'abricots sur le gâteau refroidi. Faire fondre le chocolat dans une casserole à fond épais, sur feu doux, en remuant jusqu'à ce que le chocolat soit à peine liquéfié. En arroser le mélange d'abricots.

Saint-honoré au citron

Le saint-honoré fait partie de mes desserts préférés. Je ne saurais dire si je préfère le plus traditionnel ou celui au citron.

Pour 8 personnes

Ingrédients
1 pâte feuilletée de 23 cm (9 po) de diamètre

Crème chiboust au citron
6 g (3 c. à thé) de gélatine en poudre ou 3 feuilles
30 ml (2 c. à soupe) d'eau
250 ml (1 tasse) de lait
1 gousse de vanille, fendue
65 g (1/3 tasse) de sucre
5 jaunes d'œufs
160 ml (1/3 tasse) de jus de citron
27 g (3 ½ c. à soupe) de fécule de maïs
200 g (1 tasse) de sucre
70 ml (5 c. à soupe) d'eau
5 blancs d'œufs

Pâte à choux
125 ml (½ tasse) d'eau
125 ml (½ tasse) de lait
120 g (½ tasse) de beurre, coupé en morceaux
1 pincée de sel
1 pincée de sucre
150 g (1 tasse) de farine
4 œufs, à température ambiante

Caramel
100 g (½ tasse) de sucre
30 ml (2 c. à soupe) d'eau
5 ml (1 c. à thé) de jus de citron

CRÈME CHIBOUST : Mettre la gélatine en poudre dans une petite tasse et la faire gonfler avec 30 ml (2 c. à soupe) d'eau. Chauffer le lait avec la gousse de vanille fendue et grattée, et la moitié du 65 g (1/3 tasse) de sucre. Pendant ce temps, fouetter les jaunes d'œufs avec le jus de citron et le reste du 65 g (1/3 tasse) de sucre, puis ajouter la fécule de maïs. Verser progressivement le lait bouillant en fouettant. Remettre la préparation sur le feu et cuire jusqu'à épaississement en fouettant. Ajouter la gélatine préalablement fondue 20 secondes au micro-ondes, et bien mélanger. Verser la préparation dans un saladier, couvrir de film alimentaire et laisser complètement refroidir.

Quand la crème est complètement refroidie, mettre 200 g (1 tasse) de sucre et 70 ml (5 c. à soupe) d'eau dans une petite casserole et porter à ébullition. Lorsque le mélange atteint 110 °C (230 °F), monter les blancs en neige au batteur électrique. Lorsque le sirop atteint 121 °C (250 °F), le verser sur les blancs en neige sans cesser de fouetter. Fouetter jusqu'à refroidissement de la meringue.

Fouetter la crème pâtissière froide pour l'assouplir. Ajouter délicatement la meringue italienne en pliant. Réserver au réfrigérateur jusqu'à son utilisation.

PÂTE À CHOUX : Dans une casserole à fond épais, faire bouillir l'eau, le lait, le beurre, le sel et le sucre. Verser ensuite d'un seul coup la farine et remuer vigoureusement à l'aide d'une cuillère en bois durant 1 minute jusqu'à l'obtention d'une boule de pâte qui se détache complètement du fond de la casserole. Verser cette boule dans un saladier, puis ajouter les œufs, un à un, tout en fouettant rapidement. Il faut que la pâte à choux ait une consistance bien lisse, mais il ne faut pas qu'elle soit trop souple.

Abaisser la pâte feuilletée sur une plaque de cuisson munie d'un tapis de silicone. La piquer à la fourchette sur toute la surface. Réserver.

Préchauffer le four à 190 °C (375 °F).

Mettre la pâte à choux dans une poche à douille. Former 15 boules de pâte de la grosseur d'une noix sur une plaque à biscuits recouverte de papier parchemin ou d'un tapis de silicone.

Avec le reste de la pâte à choux, former un escargot de pâte sur la pâte feuilletée, en s'assurant que le premier tour soit à 2,5 cm (1 po) du bord.

CUISSON DES PETITS CHOUX : Cuire 10 minutes à 220 °C (425 °F), puis baisser le four à 190 °C (375 °F) et poursuivre la cuisson 10 minutes. Sortir les petits choux du four et laisser refroidir sur une grille.

CUISSON DU FOND DE TARTE AVEC LA PÂTE À CHOUX : Cuire pendant 15 minutes à 220 °C (425 °F), puis baisser la température du four à 190 °C (375 °F) et poursuivre la cuisson pendant 20 minutes. Sortir du four et laisser refroidir.

MONTAGE : Faire un trou au couteau, sous le dessous des petits choux. Les remplir à la douille de crème chiboust au citron. Réserver.

Dans une casserole, porter à ébullition le sucre et l'eau pour le caramel. Cuire jusqu'à ce que le caramel ait une couleur ambrée, ajouter le jus de citron et cuire quelques secondes de plus.

Tremper le dessus des petits choux dans le caramel. Les réserver sur une plaque le temps que le caramel soit refroidi. Chauffer le caramel au besoin pour le liquéfier, et y tremper la base de chaque chou, puis les placer en cercle sur le bord du fond feuilleté. Ajouter au centre le reste de crème chiboust, et décorer, d'un petit chou et de fils de caramel.

Gâteau à l'avoine, au citron et au gingembre

Ce gâteau est santé, léger et peu sucré. Vous pourrez ainsi le servir au petit-déjeuner sans avoir à culpabiliser. Vous pouvez aussi le cuire dans des moules à muffins en faisant attention à baisser le temps de cuisson, qui est alors en général de 25 à 30 minutes.

Pour 8 à 10 personnes

Ingrédients

15 ml (1 c. à soupe) de gingembre haché finement
200 g (1 tasse) de sucre
30 ml (2 c. à soupe) de jus de citron
135 g (1 tasse) de canneberges séchées
10 g (1 c. à soupe) de zeste de citron râpé
225 g (1 ½ tasse) de farine
45 g (½ tasse) de son d'avoine
45 g (½ tasse) de flocons d'avoine à cuisson rapide
1 ml (¼ c. à thé) de bicarbonate de sodium

7 g (1 ½ c. à thé) de levure chimique
5 ml (1 c. à thé) de sel
120 g (½ tasse) de beurre non salé, ramolli
2 gros œufs, battus
250 ml (1 tasse) de babeurre

Glaçage

200 g (2 tasses) de sucre glace
60 ml (¼ tasse) de babeurre
45 g (¼ tasse) de gingembre confit haché

Préchauffer le four à 190 °C (375 °F). Beurrer un moule à gâteau de 23 cm (9 po) et en chemiser le fond de papier parchemin. Réserver.

Mettre le gingembre, 50 g (¼ tasse) de sucre et le jus de citron dans une petite casserole sur feu modéré et laisser mijoter en remuant pour faire fondre le sucre, jusqu'à ce que la préparation soit très chaude. Retirer du feu et incorporer les canneberges et le zeste de citron. Réserver.

Dans un grand bol, mélanger la farine, le son et les flocons d'avoine, le bicarbonate de sodium, la levure chimique et le sel. Réserver.

Battre le beurre et le reste du sucre (150 g [¾ tasse]) au batteur électrique jusqu'à l'obtention d'une texture lisse et légère. Ajouter lentement les œufs et bien amalgamer. Incorporer au fouet la moitié du mélange de farine, puis le babeurre, et ensuite le reste de la farine. Battre jusqu'à homogénéité. Incorporer la préparation aux canneberges.

À la cuillère, verser la pâte dans le moule préparé et enfourner pour 40 minutes ou jusqu'à ce qu'un cure-dent inséré au milieu en ressorte propre. Laisser refroidir le gâteau 10 minutes dans le moule, puis le démouler, détacher la feuille de papier parchemin et laisser le gâteau refroidir complètement sur une grille.

GLAÇAGE : Fouetter le sucre glace et le babeurre jusqu'à l'obtention d'un glaçage mince. Décorer le gâteau de ce glaçage de manière à créer un motif en croisillons et parsemer le dessus de gingembre confit haché.

À propos de l'auteure

D'origine française et établie au Québec depuis une douzaine d'années, Isabelle Lambert passe la moitié de son temps à cuisiner. Elle aime manger, mais, surtout, partager et faire découvrir de nouveaux mets et de nouvelles saveurs à son entourage.

Isabelle est une boulangère-pâtissière « contrariée » : pour sa famille, ce n'était pas un métier de fille et, même si ses oncles ont un travail en rapport avec la nourriture, c'est en parfaite autodidacte qu'elle a acquis ses connaissances. Néanmoins, elle lit et s'informe beaucoup sur le milieu de la cuisine en général et teste des techniques jusqu'à obtenir la perfection.

Elle a la réputation de n'aimer que les desserts... La vérité, c'est que, depuis toujours, son cœur balance entre le sucré et le salé, mais que les repas ne sont complets que s'ils se terminent par une touche sucrée.

Elle aime la cuisine des chefs québécois qui se renouvellent sans cesse, qui utilisent de bons produits locaux et qui ne font pas une cuisine « tape-à-l'œil ».

Depuis huit ans, c'est avec passion et générosité qu'elle partage ses recettes et ses chroniques sur son blogue *Les gourmandises d'Isa*, consulté de partout à travers le monde. Ce n'est donc pas pour rien que Patrice Demers avait prédit dans la préface de son premier livre qu'elle ne s'arrêterait pas là. Et il avait raison, après *Les gourmandises d'Isa* et *Pomme*, elle récidive ici en publiant un livre aux recettes juteuses et savoureuses inspirées par sa gourmandise qu'elle assume et qu'elle ne soigne pas.

lesgourmandisesdisa.blogspot.com

Remerciements

Je tiens à remercier Alain, mon premier goûteur et premier partisan, qui ne s'est jamais lassé de manger « citron » pendant des mois et qui m'a soutenue quand j'avais des doutes.

Merci à toute l'équipe du Groupe Modus pour l'esprit familial qui se dégage à chacune de mes visites. Et surtout un grand merci à Marc Alain, mon éditeur, pour m'avoir permis de réaliser *Citron*, un livre qui me tenait beaucoup à cœur.

Merci à Isabelle Jodoin, l'éditrice, pour son écoute, ses judicieux conseils, sa bonne humeur et son enthousiasme. Merci à Nolwenn Gouezel, l'éditrice adjointe et réviseure, pour sa plume et son œil de lynx. Merci à Marianne Lapointe, la designer graphique, pour la belle mise en page. Merci à Élodie Lacroix et Marie-Eve Labelle d'être toujours à mes côtés lors des rencontres avec le public et les médias.

Merci au photographe André Noël qui a sublimé mes recettes avec de fantastiques photos. Merci à Gabrielle Dalessandro, styliste culinaire et accessoiriste, qui a su reproduire mes recettes et les présenter avec un soin artistique.

Merci à ma famille et à mes amis qui se prêtent volontiers aux tests de goût de mes recettes.

Merci à vous, mes lecteurs, qui me suivez depuis huit ans. Vos commentaires me font souvent chaud au cœur et m'encouragent.

Un merci particulier à Valérie, Joël, Maryse, Mélanie, Katia, Jasmine, Nathalie... parce que vous êtes toujours là pour moi.

Bien amicalement à tous,

Isabelle

Carnet d'adresses

Farinex
(Distributeur, promoteur de marques et importateur
de matières premières destinées aux boulangers, pâtissiers,
chocolatiers, glaciers, traiteurs et restaurateurs,
mais les particuliers peuvent y aller)
3780, rue La Vérendrye
Boisbriand (Québec) J7H 1R5
Tél. : 450 437-7077
Sans frais : 1 800 667-5502
www.farinex.ca

Design & Réalisation
(Moules à gâteaux et matériel de pâtisserie)
2620, rue Lapierre
Montréal (Québec) H8N 2W9
Tél. : 514 595-6336
www.dr.ca

L'agno et le Lapin
(Productrice d'agneaux et de lapins)
410, chemin de La Fourche
Sainte-Julienne (Québec) J0K 2T0
Tél. : 450 831-3424

La Suisse Normande
(Fromagerie)
985, rang de la Rivière Nord
Saint-Roch-de-l'Achigan (Québec) J0K 3H0
Tél. : 450 588-6503
www.lasuissenormande.com

Les volailles d'Angèle
36, rang Rivière Sud
Saint-Esprit de Montcalm (Québec) J0K 2L0
Tél. : 450 839-2499
www.volaillesdangele.com

Cochon cent façons
(Porcherie, boucherie et point de vente)
2555, rang Saint-Jacques
Saint-Jacques (Québec) J0K 2R0
Tél. : 450 839-1098
www.cochoncentfacons.com

La Ferme Perron
(Pour l'autocueillette de fraises et de framboises)
2477, rang Saint-Jacques
Saint-Jacques (Québec) J0K 2R0
Tél. : 450 839-6706
www.lafermeperron.com

Dominion & Grimm
(Flacons et pots à confiture)
Voir le site Internet pour les adresses
des succursales.
www.dominiongrimm.ca

Anatol
(Épices et vrac)
6822, boulevard Saint-Laurent
Montréal (Québec) H2S 3C7
Tél. : 514 276-0107

Métro Plus Rawdon
3528, rue Metcalfe
Rawdon (Québec) J0K 1S0
Tél. : 450 834-2561

Marché 4 Saisons
(Ma fruiterie préférée, avec beaucoup de produits
importés des pays de l'est de l'Europe)
Voir le site Internet pour les adresses
des succursales.
www.marche4saisons.com

Tableau des équivalences Québec/France

Québec	France
Babeurre	Lait ribot
Bleuets	Myrtilles
Canneberges	*Cranberries*
Cari	Curry
Craquelins	*Crackers*
Crème 35 %	Crème fleurette épaisse, à fouetter
Crème fouettée	Chantilly
Crème sure	Crème aigre (crème fraîche avec un filet de vinaigre)
Croustade	*Crumble*
Fécule de maïs	Maïzena
Filet de porc	Filet mignon
Fromage à la crème	Kiri ou St Môret
Lait 3,25 %	Lait entier
Lime	Citron vert
Morue fraîche	Cabillaud
Pacane	Noix de pécan
Papier parchemin	Papier sulfurisé
Riz à risotto	Riz rond
Tartinade	Crème à tartiner
Trempette	*Dip*
Yogourt	Yaourt
1 c. à thé	1 c. à café

Index des recettes

Index

234